El desafío de vivir

Tab Machado
El desafío de vivir. - 1ª ed. - Buenos Aires: Deauno.com, 2010.
178 p.; 21 x 15 cm.

ISBN 978-987-1581-86-3

1. Psicología popular. Autoayuda. I. Título
CDD 131

Queda rigurosamente prohibida, sin la autorización escrita de los titulares del copyright, bajo las sanciones establecidas por las leyes, la reproducción total o parcial de esta obra por cualquier medio o procedimiento, comprendidos la fotocopia y el tratamiento informático.

© 2010, Tab Machado
© 2010, Offside Publications
© 2010, Diseño de cubierta Liz Verduzco
© 2010, Deauno.com (de Elaleph.com S.R.L.)

contacto@elaleph.com
http://www.elaleph.com

Para comunicarse con el autor: tmeldesafiodevivir@gmail.com

Primera edición

ISBN 978-987-1581-86-3

Hecho el depósito que marca la Ley 11.723

Tab Machado

El desafío de vivir

Offside Publications

DEDICATORIA

Dedico este libro a los fieles lectores de ÚLTIMAS NOTICIAS *y a todas aquellas personas que se adentren en estas páginas con la esperanza de reflexionar y construir juntos un mundo mejor... Ojalá que el ser humano entienda, en algún punto de su existencia, que sólo podremos avanzar como género el día que olvidemos el yo y nos convirtamos en nosotros...*

Prólogo

Desde que el ser humano nace, el mundo lo recibe con un par de nalgadas que nos da el doctor de turno (haciéndonos llorar) como para que comprendamos, de inicio nomás, que vivir es un auténtico y real desafío. Es la primera lección que recibimos de que, para alcanzar la felicidad, primero hay que asimilar y superar los golpes que, inevitablemente, nos harán crecer y madurar... En este caso el dolor de las nalgadas y el llanto son imprescindibles para que expulsemos de nuestros pulmones el líquido amniótico que aún se aloja allí, para luego poder ver la cara de nuestra madre por primera vez y sentir su arrullo celestial.

Con este sencillo ejemplo podríamos resumir la existencia humana en la faz de la tierra, donde los sinsabores se entremezclan finamente con las alegrías y uno debe de templarse, tanto con unas como con las otras, para forjar el carácter y asumir el rol que hemos elegido o al cual estamos destinados... De lo que si estoy seguro es de que nada es fácil y que necesitamos una gran dosis de paciencia, perseverancia, decisión, tenacidad y temple para sortear con éxito el desafío que nos propone la existencia y que, al pasar raya al final de nuestros días para ver que tal nos fue en la feria, podamos sentir que hemos pasado por la vida y no que la vida ha pasado por nosotros.

Este libro es tan solo una invitación a reflexionar, a buscar dentro de uno mismo las respuestas y el caudal anímico imprescindible para triunfar, porque el verdadero éxito proviene, se forja y fundamenta en los valores que hemos educado a nuestro espíritu y sólo si estamos en paz y concordia con él podremos entender, superar y disfrutar el verdadero desafío de vivir.

AGRADECIMIENTOS

EN VERDAD AGRADECER es uno de los sentimientos más agradables que nos regala nuestra existencia porque significa que, si uno lo puede hacer, es porque ha encontrado el apoyo y soporte necesario de terceros para poder sostener el timón de la endeble balsa que nos lleva por ese impetuoso río que es la vida... En mi caso es difícil agradecer con nombres propios sin dejar afuera a un montón de personas que les tengo mucho aprecio y cariño. Si tuviera que estampar con nombre propio mi agradecimiento a cada una de las personas que estimo, seguramente el resto del libro estaría tapizado con los nombres de aquellos que me han regalado el increíble don de la amistad y a quienes mucho estimo. Sin embargo permítanme poner los nombres de aquellas personas que han dejado en mí una huella indeleble y me han hecho ver que es posible un mundo mejor cuando dejamos de decir yo, para decir nosotros.

Por eso quiero agradecer a mi padre que me legó el deseo de escribir y comunicarme, a mi madre que ha sido el faro que siempre ha guiado mi vida, a mi esposa que me ha dado una increíble, sencilla y hermosa lección práctica de lo que es el verdadero amor y a mis hijos porque ellos son el motor que mueven y alegran mi vida. Agradezco profundamente a mi gran amigo Sergio Suárez y su familia por cómo han sido conmigo y con mi familia y, porque con sus acciones, le han dado verdadero sentido a las palabras: Amistad, Unidad, Colaboración, Altruismo y Generosidad. Mi agradecimiento y reciprocidad hacia ellos es eterno.

Agradezco integrar el formidable equipo de ÚLTIMAS NOTICIAS *porque junto a ellos he entendido que la mayor fortaleza de una empresa es trabajar en equipo, dejando de lado lucimientos personales.*

Agradezco de la misma forma a mi primera maestra de primaria, Ana Fernández, que me enseñó a garabatear mis primeras letras y frases y a los profesores de Literatura de Secundaria, Elba Lima, porque le dio vuelo a mi imaginación y Ricardo Pallares, que moldeó definitivamente mi vocación y mi pasión por la comunicación.

Agradezco también a mis hermanas y a la amistad y apoyo de Sandro Rodríguez, Juany Garza, Adrián Fortis y Santiago Melo. Agradezco especialmente a Liz Verduzco por la producción de la portada.

Finalmente reitero mi agradecimiento y admiración a todos aquellos que lean este libro... para ellos vaya mi reconocimiento eterno y mi corazón.

Tab Machado, 2010

NO CAMINAMOS TRAS LAS HUELLAS

INICIO ESTE LIBRO con la primera editorial que escribí para ULTIMAS NOTICIAS a modo de cálido homenaje al formidable equipo que integro y, además, como un mensaje a todos los que se animen a adentrarse en estas páginas.

El dicho dice que en la vida nada se da por casualidad, sino que todo es motivo de la causalidad y vaya que puede ser cierto, porque las casualidades en la vida están en franca desventaja ante las causalidades y si no que lo diga esta primera edición de ÚLTIMAS NOTICIAS, que no ha sido hecha por casualidad, sino por causalidad...

Partir de cero con una empresa de comunicaciones en los tiempos que corren es un verdadero reto y un gran desafío. Imponerse en la consideración pública y llegar a ocupar un lugar en el corazón de la gente es la gran meta y, a partir de hoy, hacia ella caminamos.

Hace muchos años atrás, cuando aún estudiaba para ser comunicador social, caminaba por las calles de la ciudad en la que vivía, cuando un cuadro apostado en la vidriera de una librería captó mi atención. El cuadro tenía un paisaje común, donde había solamente un camino y el resto era campo. La imagen no era nada inusual, pero iba acompañada de un poderoso mensaje que se grabó a fuego en mi corazón y que aún hoy habita allí poderosamente. "No sigas el camino... mejor ve donde no hay huellas y deja un sendero...", decía el sugestivo mensaje.

Es cierto que en la vida está todo inventado, que ya queda poco margen para crear, se pueden hacer sutiles cambios a las cosas, pero crear algo que no se haya hecho es muy difícil.

Por ejemplo, ya se han hecho todos los sabores de refrescos que uno se pueda imaginar, se ha inventado todos los sabores de helados posibles, se han realizado todos los tipos de automóviles imaginables, se han plasmado todos los formatos posibles de periódicos, revistas y libros... pero siempre hay alguien que se atreve a realizar una nueva combinación, hay siempre alguien que se aleja del camino y trata de abrir un nuevo sendero.

Ese es el espíritu que nos anima, nos alienta y que queremos ofrecer y que nos hace salir del camino para enfrentar el desafío de abrir un nuevo sendero.

Queremos estar con Usted, acompañarlo, ser parte cotidiana de su vida. Queremos ser un apoyo cuando sienta que las cosas no van bien y una palabra cuando necesite expresarse. Queremos compartir su alegría cuando sus metas cristalicen y ser solidarios en la hora que lo necesite. Es decir, resumiendo todo esto en una sola frase: "No queremos ir a donde conducen hoy las huellas... queremos entrar en su corazón y dejar un sendero..."

Gracias a Sergio, Mary, David, Adrián, Liz, Eric, Sergio, Lizz, Alberto, José, Rafael, Robi, Érica y también a todos los compañeros que han pertenecido, a través de estos años, al increíble equipo de ÚLTIMAS NOTICIAS.

¿PARA DÓNDE DAS EL PASO?

¿TE HAS ENCONTRADO alguna vez acorralado por un problema que te hace pensar que estas al borde de un abismo y una manada de lobos hambrientos vienen hacia ti? Un paso al borde de ese precipicio, ante tal situación, tiene que ser bien dado... puedes elegir el vacio y escapar de los problemas o dar un paso a tierra firme y jugar tu última carta. ¿Qué actitud tomarías? ¿Para donde darías el paso?

Muchas personas se encuentran a diario ante esta situación y piensan que no tienen salida ni escapatoria, pero eludir los problemas o no enfrentarlos, es la peor decisión que uno puede tomar en la vida. Puede que no nos vaya bien, pero si asumimos las consecuencias y enfrentamos con decisión la adversidad, seguramente vamos a resolver el inconveniente y vamos a poder mirar más allá del nubarrón que amenaza nuestro presente, pudiendo avizorar un futuro más prometedor que la actualidad que nos agobia.

Cuenta una historia real que se terminaba la década del '40 y no era una época fácil en Europa. La segunda guerra mundial había dejado a Francia en ruinas. Jacques Cousteau, un joven oficial de la marina decidió dar un vuelco a su vida y con la ayuda de sus amigos y un sponsor, compra un viejo dragaminas fuera de servicio y lo bautiza *Calypso*, renuncia a la marina y convence a un grupo de buzos de acompañarlo en la gran aventura: Recorrer los mares del mundo filmando los fondos oceánicos. Todos sus ahorros se gastaron en equipamientos, vendió su casa para costear el viaje, todo su pasado y su futuro estaban puestos en ese viejo barco. Partieron rumbo al Mar Rojo donde planeaban filmar su primera película. Al llegar anclaron el barco cerca de la costa de Egipto y todos los hombres fueron al agua, en el barco sólo quedó la esposa de Cousteau, Simone.

Mientras los buzos estaban bajo el agua el cielo se cubrió de nubes, la superficie del mar se encrespó y comenzó a soplar un fuerte viento. Los buzos no pudieron volver al barco y nadaron hacia la costa. Una vez ahí contemplaron al *Calypso* que se sacudía con cada golpe de ola, tironeando el cabo del ancla que se rompería inevitablemente. Cousteau temía por su esposa, una mujer delgada que no tenía idea de barcos ni de navegación. Los buzos, presos por la impotencia, esperaban la rotura del cabo del ancla para ver como todas sus ilusiones se hundían con el viejo buque.

El cabo se rompió en un estallido seco e inmediatamente se escuchó el motor del barco que se ponía en marcha, viraba a babor y se internaba en el mar de frente a la tormenta, al timón estaba Simone Cousteau y no parecía estar dispuesta a dejar hundir al *Calypso*, como no sabía nada de náutica decidió ir mar adentro donde no podría chocar con nada. Viajaba hacia la tormenta.

Ocho horas duró la lucha entre el viejo dragaminas y el mar, ocho horas donde una mujer sola, que nunca antes había estado en un barco, sacaba fuerzas de la nada para evitar que los sueños de su marido se hundieran ese día.

Cuando la tormenta terminó llevó al barco hacia la costa que se veía a la distancia pero como no lo sabía atracar y ya no tenía ancla, simplemente lo dejó flotar a la deriva con el motor apagado esperando que los buzos, que miraban la maniobra desde tierra, se pudiera acercar a nado. Al llegar encontraron a una Simone sonriente que, ante la sorpresa de todos, los recibió con café caliente.

Pasaron muchos años y Cousteau adquirió fama internacional. En 1980, en un reportaje, un periodista le preguntó si era difícil comandar el *Calypso*, Cousteau contestó: "No, si está Simone a bordo, ella es la cocinera, la que aconseja, la que pone fin a las peleas, la que nos reta, nuestra mejor crítica, nuestra primera admiradora, la que salva al barco de las tormentas. Ella es la sonrisa cada mañana y el saludo antes de irnos a dormir. El *Calypso* podría haber vivido sin mí, pero no sin Simone".

Por muchas y fuertes que sean las caídas y dificultades, nunca te dejes vencer y si te encuentras al borde del abismo, mientras una manda de lobos hambrientos te persigue, elije dar un paso hacia ellos y enfrentarlos con decisión y valentía, ya que los problemas siempre se rinden ante la persistencia y la fe.

UNA ESTRELLA CON LUZ PROPIA

UNO DE LOS peores inventos de la humanidad ha sido encasillar el tiempo en almanaques, porque desde que los días quedaron presos de esos papeles, el hombre quedó condicionado a vivir merced de ellos.

Tanta ha sido la obsesión del ser humano por tener el control del escurridizo tiempo, que ha llegado a marcar días en los calendarios para recordar, festejar u obsequiar a sus congéneres, hecho que ha servido, incluso, para delimitar la época en que uno debe de expresar sus sentimientos.

Hay días para todo, día del padre, de la madre, del niño, de los enamorados, de los santos inocentes y de todo lo que usted pueda pensar.

El gran tema es que los mismos han terminado siendo meros días comerciales, a los cuales el ser humano se ha acostumbrado tanto, que espera dichas fechas para expresar, mediante obsequios materiales, su afecto a los demás.

El hombre ha sido el más beneficiado de la escala zoológica ya que puede disfrutar de su conciencia y su espíritu, sin embargo no ha sabido capitalizar estos dones y los sentimientos por los demás siempre quedan ocultos y misteriosos en lo más profundo de su ser. Es por eso que, para facilitar la tarea de dejar libre sus emociones sin afectar su ego, ha inventado estas fechas, días, tiempos, plazos y términos para dejar escapar, aunque sea en cuentagotas, algo que le cuesta mucho manifestar... el afecto sincero y puro.

Dígame usted: ¿qué pasaría si llegara a su casa un día cualquiera, de esos que no están marcados en el almanaque, con flores y bombones en la mano, para dárselos a su esposa o a su mamá? ¿Qué pasaría si llamara a un amigo de la misma forma (sin que marque nada el almanaque) y le dijera que realmente lo estima, lo aprecia y le agradece toda su amistad?, seguramente que pensarían que algo raro está pasando...

Ese es el punto que siempre busco destacar en esta columna. Nos hemos insensibilizado tanto, que sólo nos importamos nosotros mismos, nos hemos creído tanto que ser duros e insensibles evita y aleja el dolor, que sólo miramos para adentro en vez de mirar en derredor.

Soy afortunado al decir que esta predica me la inculcó, hace muchos años, un ser formidable que siempre entendió que dar es mucho más importante y gratificante que recibir, por eso y en un pequeño homenaje, ya que hoy no es uno de esos días del almanaque marcados "para dar afecto", le digo a mi madre gracias por enseñarme que para brindar amor no se precisa un día en especial y que lo importante es dar... no recibir. Ella, sin duda, ha sido para mí una gran estrella que brilla con luz propia y que regala afecto sin preguntar cómo, cuándo, dónde o porque.

NO ESPERES UN MILAGRO CADA DÍA

NO ES LA ciencia la que aleja cada día a los seres humanos de Dios, es nuestra continua necesidad de obtener milagros prodigiosos, extraordinarios y personales lo que nos lleva a dudar sobre su existencia, sobre todo si no recibimos de inmediato una respuesta efectiva a nuestras plegarias...

El ser humano pide mucho, pero no está dispuesto a sacrificarse y mucho menos someterse a seguir las leyes de Dios para conseguir su benevolencia. Pretende tener un Dios personal y sumiso que cierre los ojos ante sus pecados y lo asista en forma individual en su camino al éxito, siendo más un esclavo de sus pensamientos y necesidades que un ser superior al que se le debe devoción y respeto... Es que, si no tenemos nuestro milagro personal todos los días, Dios ya no nos sirve de nada.

Cuenta una historia que un poderoso terrateniente caminaba por un bosque cuando se encontró con un sabio y su discípulo. El terrateniente le dijo: "me han dicho que eres un ser muy poderoso, capaz de hacer grandes milagros. Que sanas enfermos y haces ver a los ciegos. Me gustaría ver uno de esos milagros para creer en tu Dios".

El sabio lo miró con compasión y le dijo: "¿Volvió a salir el sol esta mañana?". "¡Claro que sí!", exclamó el terrateniente. "Pues ahí tienes el milagro de la luz".

"No, yo quiero ver un verdadero milagro, haz que se oculte el sol, saca agua de una piedra, sana a un animal herido tocándole con tu mano. Algo así quiero ver para creer", volvió a decir el hombre...

"¿Quieres un verdadero milagro?", volvió a preguntar el sabio y dijo: "Tu esposa acaba de dar a luz hace algunos días, ahí tienes el milagro de la vida"... "Tú no me entiendes: quiero ver un verdadero milagro", dijo tercamente el terrateniente.

Con infinita paciencia el sabio volvió a decir: "Fíjate bien, estamos en época de cosecha, ¿no hay trigo donde hace unos meses sólo había tierra árida?" Y el hombre respondió: "Sí, igual que todos los años"... "Pues ahí tienes el tercer milagro".

"Creo que no me he explicado bien, lo que yo quiero", estaba diciendo el hombre, pero el sabio le interrumpió: "Te has explicado bien, pero yo ya he hecho todo lo que podía hacer por ti. Si no encontraste lo que buscabas, lamento desilusionarte, pero no puedo hacer más".

El poderoso terrateniente se retiró muy desilusionado por no haber encontrado lo que buscaba. Cuando el hombre estuvo lejos, el sabio tomó a un conejo herido, sopló sobre él y sus heridas quedaron curadas. El joven alumno quedó desconcertado y dijo: "Maestro, te he visto hacer milagros como éste todos los días, ¿por qué te negaste a mostrarle uno al caballero? ¿Por qué lo haces ahora que no puede verlo?"

Y el sabio le respondió: "Lo que él buscaba para creer en Dios no era un milagro, era un espectáculo personal para saciar su curiosidad. Le mostré tres milagros y no pudo apreciarlos, ¿crees que un gran espectáculo lo hubiera convencido? Y si es así... ¿Por cuánto tiempo hubiera sido?"

La humanidad se ha acostumbrado a pedir por todo y a esperar en consecuencia porque nos creemos merecedores de tales dadivas pero, en realidad, ¿qué hacemos nosotros para contribuir a la causa? ¿Qué tan dispuestos estamos a vivir bajo las reglas de Dios? ¿Cuándo fue la última vez que le elevamos una plegaria tan solo para agradecer y alabar su magnificencia, sin pedir nada a cambio? Si necesitas de la ayuda de Dios no esperes de él un milagro cada día, mejor cumple con sus enseñanzas y todo se te dará por añadidura...

PARA VIVIR HE NACIDO

SIENTO QUE LA vida es un río con torrente impetuoso y que mi embarcación es frágil para enfrentar los vehementes rápidos que continuamente aparecen a mi frente pero, sin embargo, ahí voy... El tiempo ha acomodado en mi cuerpo alegrías y tristezas por igual, momentos gratos y de los otros, pero nunca me he quejado de lo que me ha tocado en suerte... la mirada sigue allí, firme en el horizonte, esperando encontrar las señales que me lleven al anhelado destino...

Quizás, si me fijo en detalle, mi cuerpo presente golpes y magulladuras, cicatrices viejas y recientes producto de los fuertes vaivenes del río y de la loca carrera de mi embarcación, pero me siento orgulloso de cada uno de ellos, porque ante cada golpe me he levantado y reacomodado para enfrentar una nueva instancia y cada magulladura, si bien trae dolor, significa un gran aprendizaje para enfrentar un nuevo escollo y mejorar mi posición. En cuanto a las cicatrices... esas son las que más aprecio, porque me permiten enseñar a los demás que he pasado por la vida y no la vida ha pasado por mí... Cada una de ellas significa que, de veras, he vivido...

Muchos me preguntan qué edad tengo y no sé qué decir, siento que he tenido la increíble fortuna de vivir tres vidas en una y no se cual de todas es la más importante: la cronológica, esa que el reloj marca implacable y va dejando huellas indelebles en el exterior... la espiritual en la cual el propio vaivén del río me ha ayudado a entender que sólo buscando muy dentro de mi voy a tener algo que brindarle a los demás o la de la experiencia, esa que uno adquiere en el devenir de la existencia y que se nutre y enriquece con invalorables pedacitos de otras vida que se van incrustado en nuestro ser, producto de personas que transitan a nuestro lado, regalándonos la increíble experiencia de compartir para crecer... Si sabiamente sumamos las tres seguramente nuestra edad es centenaria y, tal vez, más proficua de lo que ni siquiera nos imaginamos...

¿Se siente identificado con lo escrito? ¿Simboliza su tránsito por la vida? Porque este escrito no habla de mí, sino de Usted, ya que al hablar de mi hablo de usted y al hablar de usted hablo de mí, porque para vivir hemos nacido...

SOY MUY IMPORTANTE

CUANDO UNA PERSONA tiene que repetir hasta el hartazgo cuán importante es, cuantos años hace que es exitoso y los "logros" conseguidos, es porque tiene complejo de inferioridad o no tiene tantos logros como dice. Entonces, buscando impresionar a los demás, magnifica, incrementa y realza constantemente sus hazañas y proezas, creyendo que así gana consideración entre sus pares.

Lo que estas personas no tienen en cuenta es que se vuelven rehenes de sus propias palabras y que, en algún momento, van a tener que refrendar con hechos lo que dicen ser, por más que dilaten o posterguen ese tiempo. Y cuando ese instante llega, es justo allí cuando su verborragia no les servirá de nada y quedará en evidencia su ineptitud o incompetencia.

Son como la historia popular del león que despertó un día en la selva y, conforme se desperezaba, se dijo que no recordaba haberse sentido tan bien en su vida. La noche anterior había estado con otros leones amigos y les había repetido hasta el cansancio todos sus logros y sus hazañas, diciendo que era el rey de la selva y que todos los animales le temían mucho...

El león se sentía de maravillas y se vanagloriaba recordando como los otros leones lo miraban con admiración y respeto. Sabía que había exagerado un poco sus proezas, pero nadie iba a reparar en algo así por lo que, con ese sentimiento de grandeza, se encaminó hacia la selva.

Al poco rato de andar se encontró con una víbora a la que paró para decirle: "dime, víbora, ¿quién es el rey de la selva?" "De acuerdo a lo que cuentan por ahí, tu, por supuesto" le respondió la víbora, alejándose del león a toda marcha.

El siguiente animal que se encontró fue un cocodrilo, que estaba adormecido cerca de una charca. El león se acercó y le preguntó: "dime cocodrilo ¿quién es el rey de la selva?" "¿Por qué me lo preguntas?" le dijo el cocodrilo, "si sabes que eres tu el rey de la selva".

Así continuó toda la mañana, convencido de que sus proezas ya la conocían todos los animales y que su fama era tanta que todos le admiraban. Pero hete aquí que, de pronto, le salió al paso un elefante. Creyendo más que nadie en sus propios cuentos y en su fama, se le paró enfrente cortándole el paso y con gran rugido le dijo: "Dime elefante, ¿quién es el rey de la selva?" Por toda respuesta, el elefante enroscó al león con su trompa levantándolo cual si fuera una pelota, lo tiraba al aire y lo volvía a recoger... hasta que lo arrojó al suelo poniendo sobre el magullado y dolorido león su inmensa pata.

El león, dolorido en todo su cuerpo y también en su orgullo, se alejó mascullando entre dientes: "muy bien, basta ya, no hay necesidad de que te enfurezcas tanto, porque no sepas la respuesta"...

La humildad es la base donde sustentan su vida los grandes seres humanos de la historia por lo que, cuando hay hechos concretos y tangibles, las palabras sobran ya que es el propio peso de la historia el que habla...

AFRONTA EL RETO DE IR MÁS ALLÁ

LA GENTE HA dejado de soñar, prefiere no hacerlo porque se ha convencido de que los sueños son algo irrealizable, deseos quiméricos y lejanos que revolotean en el inconsciente pero que nunca se convierten en realidad. Sin embargo, en un sutil juego de contradicciones, la historia de las personas exitosas nos demuestra a diario que sus grandes logros se afincan, basan y consolidan precisamente en sus ideales...

¿Cómo puede ser que para algunas personas funcione el idealizar su futuro, el soñar con logros increíbles y para otros no? La respuesta es muy sencilla y hasta obvia... mientras algunos tan solo sueñan y allí se quedan, otros le agregan a sus deseos el combustible indispensable para materializar sus ilusiones y convertirlos en realidad: perseverancia, fe, tenacidad, entrega, entereza y una grandísima capacidad para seguir adelante a pesar de algunos fracasos transitorios...

No descubro nada nuevo si digo la popular frase de que el éxito se logra con un uno por ciento de inspiración y un noventa y nueve por ciento de perseverancia y fe, pero a veces la verdad es tan clara y simple que la descartamos de nuestra mente por ser demasiado sencilla.

A los seres humanos nos gusta tener sueños, pero muy pocos son los que, con fe y persistencia, van detrás de ellos en forma tesonera y valiente. Nos da pereza el solo hecho de saber que, para conseguir lo que buscamos, hay que luchar hasta el desmayo, tener perseverancia, confianza en uno mismo, compromiso, valor y, por supuesto, una fe inquebrantable...

Cuenta una historia que había una vez una lechera que vendió su cántaro de leche. Con el dinero se compró una gallina y unos huevos. Vendió los pollos que al paso del tiempo reunió y adquirió una ternera. Con ella formó un hato. Lo vendió para comprarse una casa. Y cuando tuvo casa no le fue difícil encontrar marido. Pero el marido le salió mala cabeza y por su culpa la lechera tuvo que vender la casa. Con el dinero compró un hato. Pero no le fue bien, y le quedó una ternera solamente. Nada le daba el tal animalejo, de modo que lo vendió y se compró unos pollos. Se le murieron todos y terminó con una sola gallina que ni siquiera ponía huevos. "Estás acabada", le dijo alguien. "No es cierto", respondió la lechera, "Tengo otro cántaro de leche. Con eso volveré a empezar y con el tiempo volveré a tener todo lo que deseo"...

Afronta el reto de ir más allá de los límites que has ido jamás... persigue tus sueños con tal persistencia y fe, hasta que estos cedan delante de ti y logres el éxito que tanto has buscado...

AMA A TU PRÓJIMO COMO A TI MISMO

LA BATALLA MÁS dura que libra la humanidad es contra sí misma y, mientras no pueda vencer su propio individualismo y egoísmo, no podrá avanzar libremente hacia el verdadero objetivo de su existencia.

Hace más de dos mil años se nos dijo que el mayor de los mandamientos es amar al prójimo como a nosotros mismos sin embargo y a pesar de la simpleza del mandato, el ser humano ha hecho una apología del individualismo y cada día que pasa hay una brecha más amplia entre la solidaridad y el hombre.

A juzgar por los hechos y por como discurre la sociedad actual, hay muy pocas esperanzas de que la miopía espiritual del hombre se pueda componer... claro que siempre hay excepciones y son justamente esos hechos notables los que nos dan una esperanza de que algún día el ser humano consiga la madurez espiritual que lo lleve a ser solidario y hacer el bien sin mirar a quien...

Justamente una de esas excepciones ocurrió hace algunos años, en las olimpiadas Paraolímpicas para minusválidos en Seattle. Nueve participantes se alinearon para la salida de la carrera de los cien metros planos. A la señal, todos partieron, no exactamente con gran rapidez, pero con deseos de dar lo mejor de si, terminar la carrera y ganar el premio. Todos, excepto un muchacho, que tropezó en el piso, cayó y rodando comenzó a llorar.

Los otros ocho escucharon el llanto, disminuyeron el paso y miraron hacia atrás, vieron al muchacho en el suelo, se detuvieron y regresaron... ¡*Todos*!

Una de las muchachas que competía se arrodilló frente al caído, le dio un beso y le dijo: "Listo, ahora va a sanar"... Posteriormente todos (los nueve competidores) entrelazaron sus brazos y caminaron juntos hasta la línea de llegada.

El estadio entero se puso de pie y no había una sola persona que no llorara de la emoción en esos momentos... los aplausos duraron largos minutos y el gesto es recordado, hasta el día de hoy, como uno de los mensajes de solidaridad más grande que han existido en el deporte...

Esta historia nos demuestra de forma sencilla y conmovedora que lo importante en esta vida no es alcanzar la gloria en forma individual, sino de vencer las dificultades en forma solidaria para que todos tengamos una oportunidad, aunque ello signifique detenerse, volver atrás y rescatar a quienes tienen dificultades... Ojalá que también nosotros seamos capaces de disminuir el paso o cambiar el rumbo para ayudar a alguien que, en cierto momento de su vida tropiece y necesite de nuestra ayuda para poder continuar...

El día que podamos tener esa compasión y amor por nuestros semejantes, a nivel de toda la humanidad, habremos dado el paso decisivo para cambiar el orden de las cosas y podremos reubicar nuevamente al hombre al tope de la escala zoológica...

CON LOS DEDOS DE LA MANO

EN EL MUNDO intrincado que vivimos, donde las relaciones sociales se magnifican en grado sumo porque el ser humano precisa del reconocimiento continuo de sus valores y la aprobación de los demás para poder subsistir a su anonimato universal, la amistad ha ido degradando su aspiraciones hasta llegar a convertirse en una tenue cortina de humo tras la que afilan sus colmillos la conveniencia, la ventaja, el provecho propio, el interés y la feroz y más pura individualidad...

Parece un profundo contrasentido decir que tras la palabra amistad (del latín *amicus*, amigo, que posiblemente se derivó de *amore*, amarse) se escondan todos esos tendenciosos sentimientos de individualidad y egoísmo, sin embargo basta echar tan solo una leve mirada al mundo de las relaciones interpersonales para admitir que la amistad cada día se degrada más y pierde terreno vertiginosamente a manos de la conveniencia...

La verdadera amistad, esa que es indeleble, indestructible y que se cuenta con los dedos de la mano se construye en base a fidelidad, sinceridad y constancia y se mantiene por siempre con confianza, empatía, simpatía, amor y, sobre todo, reciprocidad...

Cuenta una historia que dos amigos iban por el mismo camino hablando de lo unidos que eran y de la importancia de su amistad cuando, de repente, apareció un oso y los empezó a perseguir afanosamente. Uno de ellos logró subirse precipitadamente a un árbol y allí se escondió pero el otro no tuvo tiempo de hacerlo porque era más lento y, cuando estaba a punto de ser atrapado, se dejó caer en el suelo y se hizo el muerto.

El oso entonces le arrimó el hocico y le olfateaba, mientras él contenía la respiración porque dicen que los osos no tocan un cadáver. Cuando finalmente se marchó el hombre que se había subido al árbol con mucha curiosidad le preguntó al otro qué le había dicho el oso al oído y éste respondió: "No viajar en adelante en compañía de amigos semejantes, que no permanecen al lado de uno en los peligros".

La sencilla fábula que les narramos demuestra que las desgracias y los problemas son un filtro ideal que prueba a los amigos de verdad... Recuerda siempre lo que dijo el ensayista Elbert Hubbard: "Un verdadero amigo es aquel que lo sabe todo de ti y a pesar de ello te quiere"...

NO CAIGAS EN LA TRAMPA

NO EXISTE UN arma más poderosa y sutil para embaucar o persuadir a una persona que la lisonja, la alabanza o el adulación a destajo, ya que no existe un ser humano que se resista a tal circunstancia, por eso siempre debemos estar alertas...

Si uno no está preparado y atento para detectar tal situación, es muy fácil caer en el dulce sopor de las palabras que nos prodigan y, cuando finalmente despertamos de ese ensueño, nos encontramos que toda la palabrería que escuchábamos era inconsistente y vacía... por eso siempre decimos desde esta columna que las palabras, para ser creíbles, deben venir acompañadas de hechos tangibles...

Es como la vieja historia de la Zorra y el Cuervo. La zorra salió un día de su casa para buscar qué comer. Era mediodía, no se había desayunado y tenía muchísima hambre. Al pasar por el bosque vio al cuervo, que estaba parado en la rama de un árbol y tenía en el pico un buen pedazo de queso. La zorra, astuta y hábil para engañar, se sentó debajo del árbol, mirando todo el tiempo al cuervo y le dijo estas palabras: "Querido señor cuervo, tenga usted buenos días mi dueño; vaya que eres elegante, lindo en extremo. ¡Qué plumaje tan brillante tiene Usted! ¡Apenas puedo creerlo! Yo no gasto lisonjas y digo lo que pienso: Nunca he visto nada tan maravilloso en todo este tiempo. Me gustaría saber si su canto es igual de bonito, porque entonces no habrá duda que es usted el rey de todos los que vivimos en el bosque"...

Al oír un discurso tan dulce y halagüeño el cuervo, muy contento y con muchas ganas de ser el rey del bosque, quiso demostrarle a la zorra lo hermoso de su canto. Abrió, pues, el pico y cantó así: "¡Crrac!"

La zorra se tapó las orejas, pero abrió bien el hocico para atrapar el queso que el cuervo dejó caer al abrir el pico para cantar, lo atrapó y le dijo: "Muchísimas gracias, señor bobo, te quedas sin tu alimento ¡Qué sabroso desayuno me voy a comer! Aliméntate ahora de mis palabras y mis alabanzas... quédate hinchado y repleto, digiere las lisonjas mientras yo me como el queso"...

Luego la zorra masticó despacio el queso, lo saboreó, se lo tragó y se fue, relamiéndose los bigotes mientras el cuervo se quedó muy triste y sin su comida...

Así suele pasar cuando nos dejamos seducir por palabras de alabanzas vacías y huecas que sólo buscan hacernos bajar la guardia... ya que quienes oyen sin pensar a los aduladores, no podrán nunca esperar otro premio que el de ser embaucado, timado y abandonados a su propia suerte...

¿CUÁL ES MI SATISFACCIÓN?

LA VIDA DE los seres humanos encierra un terrible contrasentido, que ni el más grande dramaturgo de la historia la podría haber concebido jamás. Creo que el mejor refrán que podría representar a la humanidad y a la sociedad del hombre a través de los tiempos, es que borra con el codo lo que escribe con la mano. Y si para muestra basta un botón, yo podría nombrar tantos ejemplos, como un costurero entero.

Si nos volvemos en el tiempo los ejemplos cunden desde el comienzo mismo de la historia. Dios, por ejemplo, abrió el mar para que pasara su pueblo y escapara de los egipcios y, sin embargo, poco tiempo después la gente blasfemaba contra El.

Jesús también realizó prodigios por doquier, sin embargo cuando el pueblo tuvo que decidir entre su vida y la de Barrabas, no dudó ni un instante y prefirió a este último, olvidándose de lo que había visto y escuchado.

Muchos aún hoy dicen seguir sus enseñanzas, concurren a Templos e Iglesias para adorarlo, pero se olvidan de su primer y máximo mandamiento: "Amaos los unos a los otros como yo los he amado", o "has por tu prójimo como haces por ti mismo".

Si esto se cumpliera cabalmente y si todos sus seguidores aplicáramos esos conceptos básicos, no habría racismo, no habría persecución a los más necesitados y habría seguramente más comprensión y más solidaridad entre todos, haciendo de este mundo lo que realmente debería de ser. Todos hablamos pero, en realidad, hacemos muy poco...

Es que el ser humano es de frágil memoria y de reacciones virulentas, olvidándose con extraordinaria rapidez de los favores recibidos y de los conceptos básicos de la vida.

El hombre quiere siempre lo máximo con el mínimo de los esfuerzos. Nadie quiere esperar, nadie quiere basar su vida en cimientos y conceptos firmes y duraderos. Todo lo contrario, para el hombre todo es breve, efímero, fugaz y su única satisfacción es el logro personal, aun por encima del bien común.

Es que el silogismo aplicado es... si yo logro mucho soy respetado y admirado, pero si muchos lo logran al igual que yo, entonces: ¿Cuál es mi satisfacción?

En cierta forma el hombre ha jugado a ser Dios, se ha querido parecer a Él e, incluso, ha pensado que puede suplirlo. Para eso ha urdido el más maquiavélico de los planes, escondiéndose tras una fachada bonachona para ocultar su más puro sentimiento de poder e individualismo... y, si no creen lo que les digo, basta dar una rápida mirada a este loco, loco mundo...

EL SECRETO DEL ÉXITO

AL SER HUMANO le gustaría tener en sus manos una fórmula alquímica que le asegurara el éxito permanente en cada rubro de la vida pero, como no existe, contiende permanentemente con sus congéneres para escalar lo más alto posible, sin detenerse a mirar cómo lo hace.

Cuenta una historia antigua que dos seres mitológicos miraban diferentes recipientes cubiertos y uno solo que estaba destapado. Uno de los seres le pregunta al otro "¿Qué tienes ahí?" a lo que el otro le respondió: "diferentes animales". "¿Y por qué tienes todos los recipientes cubiertos, menos ese que esta ahí?" "Sencillo, respondió, los que están tapados se unen, buscan una estrategia común y tratan de salir del recipiente mientras que el que está destapado no hay problema, porque los que están allí son totalmente individualistas y cuando uno trata de salir, los demás lo empujan hacia abajo".

La narración anterior sirve para graficar lo que es el ser humano en general, ya que siempre busca el éxito en forma individual y, si ve que otro se interpone en su camino o tiene mejor posibilidades que él, entonces sencillamente hace lo que sea para evitar que logre el objetivo.

Es decir, el ser humano no busca sobresalir por sus propias virtudes, si no que hace lo imposible porque el otro no se desarrolle como es debido. Con esa forma de actuar lo único que consigue es que se fomente la envidia y la frustración y, con ella, las descargas de energías en terceras personas, quitando el foco de atención en su propia superación personal.

La envidia no es ni más ni menos que tristeza y pesar por el bien ajeno y quien se acostumbra a ese sentimiento termina, muchas veces, codiciando hasta el más sencillo bien de los demás.

Lo que las personas deberían saber es que el verdadero secreto del éxito no se cimienta en desear y tratar de destruir lo que tienen o lo que hacen sus semejantes, el verdadero secreto del éxito es superarse uno mismo cotidianamente. Ese el verdadero reto: tratar de que cada día seamos mejor de lo que fuimos en el anterior y para conseguirlo se debe de trabajar interiormente. Lamentablemente a las personas les es más fácil tratar de destruir lo que hacen los demás, que edificar, obrar y fundamentar su espíritu y su mente para que sea más activa y productiva, es por eso que su mundo gira al revés de lo que debería girar.

Si deseas de verdad el éxito no mires como destruir a las personas que están a tu alrededor, mejor mira tu interior, preocúpate por él, trata de superarte día a día y descubre que la única barrera entre tu y el éxito es tu propia limitación...

EL PEOR DE LOS SENTIMIENTOS

EL AMOR Y el odio son dos sentimientos que cohabitan en el ser humano y se los usa para expresar estados de ánimo que parecen estar ubicados en las antípodas del alma. Mientras que el amor se usa para demostrar afecto e interés, el odio se expresa cuando hay antipatía y aversión.

Hay quienes dicen que entre el amor y el odio hay un solo paso, porque se puede amar en un momento y odiar al otro... o viceversa. Sin embargo existe un tercer sentimiento que es el más terrible de todos y que también sirve para demostrar estados de ánimo o el interés que tenemos por nuestros semejantes y ese se llama indiferencia.

La gente tolera ser amada u odiada, pero no soporta que otros la traten con indiferencia, incluso hay un dicho popular que dice que es preferible que la gente hable bien o mal de ti pero que hablen... Esto quiere decir que la indiferencia es un estado de ánimo que afecta e impacta significativamente en quien lo experimenta o lo sufre. Estoy seguro que si hiciéramos una compulsa pública y le preguntáramos a la gente cual es el sentimiento más rechazado o temido por ellos, seguramente la indiferencia ganaría por amplio margen...

Hace mucho tiempo atrás, cuando era estudiante, un profesor de psicología nos dio una lección práctica e inolvidable del efecto que produce en los seres humanos la indiferencia... Era el primer día de clases y el profesor entró a nuestro salón en silencio. Todos lo miramos con atención y nos preparamos para recibir la comunicación habitual entre educadores y alumnos, pero este profesor hizo algo inesperado... fue hasta el escritorio dejó su portafolios, caminó de un lado al otro del salón, nos miró con indolencia y se fue a sentar a su silla sin hablar una palabra. Nosotros estábamos expectantes al principio luego, sin entender que pasaba, nos mirábamos unos a otros con sorpresa...

El profesor siguió con su impertérrita rutina y, sacando un libro, se puso a leer sin prestarnos la más mínima atención... A esta altura en la clase se sentía un murmullo de desconcierto y algún compañero intentó preguntarle si pasaba algo, pero él se mantenía sin hablar y tan solo cada tanto lanzaba una mirada con desinterés sobre la clase.

Luego de pasado varios minutos y del intento en vano de saber lo que ocurría, los alumnos también fuimos dejando de lado al profesor y conversábamos entre nosotros... Así fue hasta el final de la clase. Cuando sonó la campana el profesor se levantó nos saludó y dijo su nombre. Cuando se retiraba volvió a hablar para decirnos: "esta fue nuestra primera clase y aprendimos sobre algo que tendrán que tener muy en cuenta el resto de sus vidas para no perder sus relaciones... se llama indiferencia"... Y sin agregar más salió del salón...

Lo que nos enseñó el profesor ese día es que la indiferencia es un error básico de la mente y el espíritu que conduce a la insensibilidad, la anestesia afectiva, la frialdad emocional y el despego psíquico y uno debe de cuidar no cometer ese error con las relaciones de su entorno.

Por eso, si últimamente los problemas de trabajo, la cortedad de tiempo, la falta de voluntad o desgano, te ha llevado a comportarte indiferente con alguna persona de tu entorno a la que le tienes afecto o ha sido importante en algún aspecto de tu vida, deja de lado la indolencia y la desidia y hazle saber que es importante para ti. Refrescar las raíces de la amistad y el amor es tan importante en la vida del ser humano, que quien lo olvida puede algún día sentir y experimentar en carne propia el dolor que produce esa misma indiferencia que ha ido generando...

EL ALTO E INALCANZABLE PEDESTAL DE LA IGNORANCIA

HAY GENTE QUE se cree con derecho a juzgar a los demás, resaltar sus errores y defectos con soberbia y altanería, sin detenerse a pensar tan siquiera un momento en sus propias vidas. Son jueces y verdugos de sus semejantes, sancionándolos con el cayado de su arrogancia, sin aceptar que se les haga una crítica, dado que ellos son perfectos, únicos y especiales...

A estas personas, carentes de humildad, les encanta ventilar los problemas de los demás, dar consejos, juzgar comportamientos y decir cómo deben resolverse las dificultades ajenas o el conducirse en la vida, pero no aceptan que nadie se meta en sus asuntos, siendo furibundos defensores de su intimidad y escondiendo muy celosamente sus propias miserias del alma... A estas personas les queda muy bien el viejo dicho que dice: "haz lo que yo digo, pero no lo que yo hago"...

Lamentablemente se las encuentra por doquier, siempre vigilantes y atentas al hacer del prójimo, para dictar cátedra de cómo vivir, pero sin predicar con el ejemplo. Son inquisidores celosos de los defectos y errores de sus semejantes, imponiéndoles normas de vida que ellos mismo no pueden o no saben cumplir... miran la paja en el ojo ajeno, sin quitarse ni un solo instante la viga de sus propios ojos...

Cuenta una historia que había una mujer en un pequeño pueblo que creía que era el cantar de su gallo el que hacía que el sol saliera. Llegó a esta conclusión porque cada mañana, con toda precisión, en cuanto su gallo cantaba, el sol aparecía en el horizonte.

Le encantaba hablar de los demás, juzgaba todo lo que hacían sus vecinos y siempre tenía una solución en la mano para los problemas ajenos, sin detenerse a mirar lo que era su propia vida... Pero ocurrió que un día tuvo un pleito con unas vecinas y se enojó mucho porque le dijeron que arreglara su propia vida en vez de la ajena por lo que, muy enojada, se mudó a vivir con su hermana en un pueblo lejano.

Al día siguiente, cuando el gallo empezó a cantar, ella supuso que ahora el sol salía donde ella estaba, mientras que en su pueblo sus "enemigas" seguramente seguían a oscuras. Por eso le extrañó que no vinieran a suplicarle que regresara con su gallo. Lo atribuyó a la estúpida arrogancia de aquellos ignorantes que seguramente preferían vivir en la oscuridad a pedirle perdón...

Así es la vida de las personas que viven en la alta y escarpada cima de la arrogancia, donde sólo se admiten a ellos mismos, como seres perfectos y no hay lugar para los demás. Lamentablemente muy pocas veces se les cae la venda de los ojos, pero cuando eso finalmente ocurre, sólo encuentran en su alrededor soledad, aislamiento y ninguna mano amiga que estrechar... Como dice un viejo proverbio inglés: ten cuidado cuando apuntas con un dedo... recuerda que otros tres te señalan justamente a ti...

UN ARMA LETAL Y SILENCIOSA

¿CUÁL HA SIDO el invento más maléfico y nocivo que ha concebido el hombre, algo que es más poderoso y destructivo que las armas? Sin dudas que ha sido el dinero, ya que por él los seres humanos han mentido, matado y destruido, sin ninguna piedad a través de los tiempos.

Y no tenemos que ir muy lejos para encontrar ejemplos de la destrucción y devastación que puede causar el querer tenerlo, basta mirar nomás el tiempo del descubrimiento de América, cuando la voracidad de los conquistadores por el oro y las riquezas, avasalló a todo un continente.

Tan duro fue aquel trance que aun hoy, aunque Usted no lo crea, lo pagan los países latinoamericanos.

Poco importó en aquel tiempo la cultura, el arte, la ciencia y la sabiduría que habían desarrollado los pueblos del nuevo mundo, lo importante era conseguir el oro, para poder tener todo el poder que fuera posible.

Pero no vaya a creer que ese es el único ejemplo en la historia que marca la voracidad y ambición del ser humano por el dinero, las riquezas y el poder. Los ejemplos abundan a través de los tiempos y no darían un millón de páginas para contarlos.

Es que, ambición desmedida y voracidad por las riquezas, hubo en el pasado, hay en el presente y le aseguro que habrá también en el futuro, ya que el dinero, en teoría, es un medio eficaz para poder realizar transacciones comerciales y poder darle dinamismo a la economía de los pueblos y países pero, como el mismo otorga prestigio, comodidades y reputación a quien lo posee, todos corren tras de él y muchos no miran la forma de cómo conseguirlo u obtenerlo.

El dinero es necesario para vivir, pero cuando el hombre lo anhela en demasía, no le importa cuales son los medios para conseguirlo, se vuelve una obsesión tenerlo y no mira a quien perjudica por lograr el poder y la seducción que el mismo le otorga.

Sin embargo este no debería ser el verdadero motivo de la vida ya que, como dijo Jesús, no se debería de hacer tesoros y riquezas en la tierra porque se corrompen y los ladrones minan y hurtan, más vale hacer tesoros en el cielo porque nada lo corrompe, ni los ladrones minan y hurtan. Porque donde este vuestro tesoro, allí estará también vuestro corazón.

De todas maneras... si a Jesús no le hicieron caso... dificulto que mis palabras puedan causar el impacto debido... lo único cierto es que el dinero, desgraciadamente, seguirá siendo el arma más mortal, letal y silenciosa de todos los tiempos...

¿INDIVIDUO O INDIVIDUAL?

LAS SITUACIONES COTIDIANAS, esas que repetimos rutinariamente casi sin pensar, son las que despiertan en el ser interior una mirada inquisidora a la psiquis humana, que nos permite desentrañar cómo es el ser humano y cuales son sus hábitos de vida.

Digo esto porque los otros días, mientras viajaba hacia mi trabajo como de costumbre, me detuve a ver la multitud de personas que atraviesan las carreteras día a día. Fue un acto repentino, reflejo si se quiere, pero totalmente revelador de los profundos contrasentidos que tiene la vida del hombre.

Mirar los cientos de conductores que pasaban a mi frente, totalmente inmersos en sus mundos y problemáticas, me hizo recordar una vieja frase que decía "juntos... pero no revueltos".

Dicho de otra manera, quizás más académica y elegante: cada quien iba pendiente de sus asuntos y sus razones, pero absolutamente ajenos a la problemática de los que a su lado viajaban.

Mas tarde y mientras caminaba a realizar una diligencia en el centro de la ciudad, pude apreciar nuevamente el mismo contrasentido... la avenida estaba atestada de gente, todos caminaban decididos hacia cual era su destino, pero cada cual iba inmerso en su problemática, sin saber lo que pensaba y sentía el que iba a su lado...

Estas escenas se repiten en el cine, en el teatro, en un restaurante o donde se le ocurra pensar, ya que la gente está agrupada pero no está junta, está aglomerada pero no está unida, más bien simplemente comparte un mismo espacio de tiempo y lugar, en el que conviven por estricta conveniencia.

Es difícil pensar, viendo esta situación, que el hombre haya deseado desde el principio de los tiempos vivir en sociedad, ser gregario para poder compartir sus ideales, sus pensamientos, sus costumbres y sus problemas... La realidad muestra que el ser humano persigue, como única premisa, su individualidad sobre el bien común, prefiere exacerbar su ego en vez de practicar la sana costumbre de preocuparse por los demás y elige vivir en medio de un grupo de miles de individuos semejantes a él, pero tratando de recabar la mínima información de sus semejantes y, si se puede, poniéndose en las antípodas de cada uno de ellos... Ese es el profundo contrasentido que tiene la vida del hombre y lo pone de manifiesto hasta en las cosas más insignificantes de su rutina diaria...

¿QUIERES SER CIGARRA O PREFIERES SER HORMIGA?

UNO DE LOS problemas más grandes que afrontan los padres de hoy es hacer que los niños y los adolescentes comprendan la importancia que representa estudiar y tratar de ir superando etapas, para convertirse, en el futuro, en hombres y mujeres de provecho para sus familias y para la sociedad que los acoge.

En un mundo tan competitivo, donde la capacitación es fundamental para poder acceder a puestos de trabajo más relevantes, la adolescencia y la juventud han pasado a ser etapas de la vida de tremenda importancia en el ser humano, porque es allí donde se gesta y se formaliza toda la vida futura de una persona.

La sociedad actual ya no es como la de antes, ahora el adolescente tiene que tener estampado indeleblemente en su conciencia, que su meta principal es superarse día a día en los estudios, para poder tener una realidad económica más desahogada en su vida adulta. Este mundo no admite errores y no continuar con los estudios o no realizarlos a conciencia puede ser el atajo más corto hacia un fracaso personal en la vida adulta.

Lo difícil es hacerle ver a los estudiantes con claridad que los tiempos han cambiado y que ya nada es como hace unos años atrás, cuando el tener habilidad en un oficio le aseguraba la tranquilidad laboral, hoy exigen en todos lados, aparte de esa habilidad, títulos que certifiquen esa destreza.

Creo que la mejor forma de hacer ver a los estudiantes la importancia de persistir y culminar sus estudios es una vieja fábula con un poderoso mensaje que, de por sí sola, demuestra la importancia de hacer acopio de conocimientos en la adolescencia y juventud, para tener una tranquilidad en la vida adulta. La fábula es la de la cigarra y la hormiga. Creo que vale la pena refrescársela a todos los adolescentes de hoy que tan alejados están de aquellas historias de nuestros abuelos, que valían más que todo el entretenimiento que actualmente les brinda la televisión.

En forma resumida y para los que no conocen la fábula les digo que dicha historia narra que, en el período estival, la cigarra se dedicaba a divertirse y tocar su música mientras la hormiga cargaba y cargaba comida para su hormiguero. La cigarra se burlaba de la hormiga porque lo único que esta hacia era trabajar en vez de divertirse. Pero una vez que culminó el verano y llegaron los primeros fríos, la hormiga se quedó en su hormiguero con todo el alimento recogido y la cigarra, que no estaba preparada para enfrentar el crudo invierno, no pudo encontrar un lugar para refugiarse del frío y le fue a pedir a la hormiga, que la cobijara en su hormiguero. Claro que la fábula termina con la cigarra aprendiendo la lección y comprometiéndose a que el próximo verano ella también iba a preocuparse por lograr una reserva de su propio alimento y de proveerse un lugar para pernoctar en el invierno, evitando tener que sufrir como lo hacía en aquel momento.

El mensaje es poderoso y exime de mayores comentarios, sólo debemos de decir que esperamos que los jóvenes y adolescentes de nuestra comunidad latina, que no están convencidos de estudiar, tomen buena nota de esta fábula y que pasen a representar el personaje de la hormiga, haciendo acopio de estudio y de sabiduría, para mejorar y optimizar su futuro personal y para solidificar y renovar definitivamente, la imagen de la comunidad ante los ojos del mundo... de ustedes depende... nosotros esperamos confiados de que así sea.

EL BIEN Y EL MAL

EN CADA UNO de nosotros habita el bien y el mal, es una condición del ser humano de la que no se puede desprender, el arte es saber manejar esas dos fuerzas dentro de uno y tratar de suprimir los impulsos malos, dejando fluir aquellos que son buenos.

La lucha entre estos dos sentimientos puede llegar a ser cruel, despiadada y, si uno no está preparado para afrontarla, el camino de la vida puede volverse difícil.

La envida, la ira, la irritabilidad, la codicia, los celos y la rivalidad son sentimientos negativos que habitan en el ser humano y se debe de trabajar seriamente en ellos para desterrarlos, porque son los medios más comunes que llevan a reforzar la parte mala que habita en cada uno. El amor, la caridad, la amistad, la compasión, la misericordia, la generosidad y la sencillez son sentimientos que hay que exaltar al máximo para que, poco a poco, nuestro costado bueno se fortalezca y prevalezca dentro de nosotros.

Lo que si nunca debemos dejar de hacer es alimentar esos buenos sentimientos, darles fuerza, hacerlos parte integral de nuestra vida, que se vuelvan rutinarios dentro de nuestro accionar y que fluyan sin necesidad de hacer esfuerzos porque, si no lo hacemos, caemos fácilmente en nuestro lado malo y permanecemos allí volviéndonos seres despreciables para los demás.

La increíble historia de cómo pintó Da Vinci el cuadro de la 'Última Cena' refrenda que el bien y el mal habitan en nosotros y que, si no cuidamos nuestra parte positiva, la negativa se instala allí definitivamente volviéndonos lo que nunca quisimos ser...

Cuentan que a Leonardo Da Vinci le llevó siete años completar su famosa obra. Las figuras que representan los doce apóstoles y a Jesús fueron tomadas de personas reales.

La persona que sería el modelo para ser Cristo fue la primera en ser seleccionada. Cuando se supo que Da Vinci pintaría esa obra, cientos de jóvenes se presentaron ante él para ser seleccionados. Da

Vinci buscaba un rostro que mostrara una personalidad inocente, pacífica y a la vez bella. Buscaba un rostro libre de las cicatrices y los rasgos duros que deja la vida intranquila del pecado. Finalmente, después de algunos meses de búsqueda seleccionó a un joven de diecinueve años de edad como modelo para pintar la figura de Jesús.

Por seis meses Da Vinci trabajó para lograr pintar al personaje principal de esta magnífica obra. Durante los seis siguientes años continuó su obra buscando personas que representarían a once apóstoles, dejando para el final a aquel que representaría a Judas.

Cuando llego el momento Da Vinci estuvo semanas buscando a un hombre con una expresión dura y fría. Un rostro marcado por cicatrices de avaricia, decepción, traición, hipocresía y crimen que identificara a una persona que sin duda traicionaría a su mejor amigo. Después de muchos fallidos intentos en la búsqueda de este modelo llegó a sus oídos que existía un hombre con estas características en un calabozo de Roma. Este hombre estaba sentenciado a muerte por haber llevado una vida de robo y asesinatos.

Da Vinci fue allí y vio ante él a un hombre cuyo maltratado cabello largo caía sobre su rostro escondiendo dos ojos llenos de rencor, odio y ruina. Al fin había encontrado a quien modelaría a Judas en su obra.

Por medio de un permiso del rey, este prisionero fue trasladado al estudio del maestro. Por varios meses este hombre se sentó silenciosamente frente a Da Vinci mientras el artista continuaba con la ardua tarea de plasmar en su obra al personaje que había traicionado a Jesús. Cuando dio el último trazo a su pintura se volvió a los guardias del prisionero y les dio la orden de que se lo llevaran.

Mientras salían del recinto el prisionero se soltó y corrió hacia Da Vinci gritándole: "¡Da Vinci! ¡Obsérvame! ¿No reconoces quién soy?"

Da Vinci lo estudió cuidadosamente y le respondió: "Nunca te había visto en mi vida, hasta aquella tarde fuera del calabozo de Roma".

El prisionero levantó los ojos al cielo, cayó de rodillas al suelo y gritó desesperadamente: "Leonardo: ¡Mírame nuevamente, pues yo soy aquel joven cuyo rostro escogiste para representar a Cristo hace siete años!"...

Sin palabras... ¿verdad?

El espejo

¿QUÉ ES LO que más le gusta al ser humano? Hablar de si mismo y de sus logros pero, cuánto más grandilocuentes son sus dichos, menos fecunda y exitosa ha sido su vida.

El hombre de éxito, aquel que se supera día a día, en realidad no necesita andar pregonando sus virtudes y bondades, ya que estas van inmersas en la persona y brillan con luz propia, sin necesidad de ponerle 'luces extras'.

Sin embargo aquel que no desaprovecha oportunidad para hablar sobre si mismo y sobre sus logros, en realidad lo que está haciendo es cubrir su vida con un oropel que, en realidad, no existe.

Es que, en una sociedad tan competitiva y elitista, el ser humano quiere demostrar a toda costa que tiene éxito, para poder ser aceptado en los círculos que quiere frecuentar. De esta manera la sociedad se va nutriendo, cada día más, de personas narcisitas que tienen por único motivo ponderarse a ellos mismos o a las tareas que desarrollan.

En una palabra, sin quererlo el hombre vuelve a la etapa de la niñez en la cual dirige todas sus energías a la satisfacción de sus necesidades, siendo incapaz de reconocer un mundo distinto a sí mismo y descargando toda su energía libidinal en su propia persona ya que, para él, el mundo exterior no existe.

Lo peor es que esa postura del hombre se caracteriza por un patrón grandioso de vida, este se expresa en fantasías o modos de conducta que incapacitan al individuo para ver al otro, el mundo se guía y debe obedecer a sus propios puntos de vista, los cuales considera irrebatibles, infalibles y auto-generados.

Las cosas más obvias y corrientes, si se le ocurren a él o ella, deben ser vistas con admiración y se emborracha en la expresión de las mismas, pero si a los demás se les ocurre la idea la desechan por común.

Hay en el Narcisista una inagotable sed de admiración y adulación y esta última lo incapacita para poder reflexionar e incluso pensar. Vive más preocupado por su actuación, en cuanto a la teatralidad y reconocimiento de sus acciones, que en la eficacia y utilidad de las mismas, ya que su visión es el patrón al cual el mundo debe someterse.

El ser humano recae cada vez más frecuente en esta conducta, aún cuando pueda poseer una aguda inteligencia, ya que esta se haya obnubilada por la visión grandiosa de sí mismo y por su hambre de reconocimiento.

Lamentablemente el hombre, cuando se mira al espejo, no le gusta lo que allí ve y entonces magnifica lo que en realidad no existe. Mientras siga así la humanidad, más lejos estaremos de ver un mundo diferente y unido, que mire por los logros de todos y no por el bien de unos pocos... aunque la imagen que veamos en el espejo no nos sonría como nosotros quisiéramos...

LECCIONES QUE NO SE OLVIDAN

LA HONESTIDAD U honradez es, sin dudas, una de las mayores cualidades que puede tener un ser humano y una de las más apreciadas, porque en ella se basa y descansa cualquier relación entre semejantes. La honestidad consiste en comportarse y expresarse con coherencia, sinceridad y de acuerdo con los valores de verdad y justicia, expresando respeto por los demás y por uno mismo.

En un mundo como el de hoy, donde la competencia es total, el poder corrompe, la economía manda, el placer se impone y la conveniencia personal prima largamente sobre otros valores, la honestidad pasa a ser una virtud superlativa, que es valorada y respetada en grado máximo, porque brinda algo que escasea en la sociedad actual: confianza total y absoluta.

Hace muchísimos años atrás, cuando apenas tenía seis años, mi padre me dio una lección práctica e inolvidable sobre lo que significa la honradez u honestidad, una lección que jamás olvidaré y que marcó a fuego el resto de mi existencia...

Vivíamos en un pequeño pueblo en la frontera de dos países y mi padre era el principal de Aduanas. Un domingo tuvo que ir a cumplir un trámite administrativo a las oficinas porque alguien se trasladaba de un país a otro y me llevó con él. Para llegar a su oficina debíamos recorrer un largo pasillo donde había depósitos repletos de mercadería y quiso el destino que cerca de una de las puertas de esos depósitos había quedado olvidada, quien sabe porque, una reluciente cajita de chicles que contenía tan solo dos unidades. Muy pequeña e insignificante para todos, pero en mis ojos refulgió como un gran tesoro... Cuando llegamos hasta donde estaba la cajita me agaché a buscarla, saboreando por anticipado el momento de disfrutar de la golosina, cuando mi padre secamente me paró y me dijo: "¿qué haces?"... Su voz retumbó en el silencio del lugar y aun hoy me parece escucharla clara y diáfanamente... Yo le dije con total inocencia, "iba a recoger la cajita de chicles para...", pero mi padre ni siquiera me dejó terminar la frase y con mayor énfasis que la primera vez, me dijo más fuerte aun: "¿Acaso es tuya?"...

Sin entender aun porque mi padre me impedía agarrar la cajita de chicles y frustrado por el momento le dije: "no, ¿pero quien va a saber que la agarré?" Y mi padre me dijo: "voy a saber yo y con eso basta... jamás agarres lo que no es tuyo... esa es la mejor manera de que, al llegar la noche, pongas la cabeza en tu almohada y duermas en paz con tu conciencia"... En la tarde mi padre culminó su gran enseñanza comprándome una cajita de chicles y diciéndome: "este si puedes disfrutarlo porque es tuyo, yo te lo regalo"... En realidad me regaló algo más que una golosina, me obsequió una lección práctica e inolvidable de cómo se debe de proceder en la vida.

Han pasado muchos años de aquel momento, ya mi padre no está físicamente conmigo, pero sus enseñanzas las llevo grabadas a fuego en mi corazón porque me han permitido ver la vida desde otra perspectiva, donde la honradez, la honestidad y la confianza son el puntal donde descansa la relación con los demás... Ojalá esa forma de enseñar tan gráfica y contundente algún día pueda transmitírsela a mis hijos porque son lecciones que no se olvidan...

PASAR UNO POR LA VIDA

LA VIDA TIENE ciertos "despertadores" que nos llevan de situaciones simples a profundas reflexiones, que nos permiten ver el verdadero sentido de nuestra existencia. Una frase, una palabra, hasta un aroma o un paisaje pueden despertar en nosotros, una ola de pensamientos que nos conducen, sin darnos cuenta, hasta lo más profundo del alma.

Esta semana dos de esos "despertadores" me hicieron ver lo afortunado que puede ser un ser humano, al trabajar en lo que siempre quiso desde niño.

Primeramente fue una frase que escuché de una persona considerada por otros como exitoso, que dijo: "Que pena se termina el Domingo y mañana tengo que volver al trabajo"... Y después fue un correo electrónico de un amigo de la infancia, al que hacia mucho tiempo no veía y que me comentaba que estaba haciendo lo que siempre soñó desde niño, ser entrenador profesional de fútbol. Me decía que, a pesar de las venturas y las desventuras que ha corrido en todos estos años, no se arrepiente de estar donde está y siente que ha valido la pena.

Como ven son dos situaciones simples, aisladas, pero que me llevaron a ver que en el vida uno debe de hacer lo que se siente en el corazón y que de nada vale el dinero, una casa grande, un coche del año, si lo que lo produce no es un trabajo satisfactorio y que llena el alma.

La vida tiene contrasentidos profundos y, en muchísimos casos, encontramos personas que los demás las consideran exitosas porque tienen dinero, casas lujosas y auto del año, pero lo que no saben es que muchos de ellos no están satisfechos con sus vidas, porque les falta el estímulo de desarrollar sus verdaderas vocaciones.

Sin embargo hay otras que, teniendo mucho menos, sienten el trabajo como una ligera carga que realizan con gusto, porque hacen lo que soñaron desde niños. Quizás no tengan tanto tantos lujos materiales, pero tienen algo que jamás se podrá comprar en ningún comercio y es la profunda satisfacción de hacer lo que siempre quisieron, lo que soñaron y acunaron desde su infancia.

Por eso, si usted tiene menos de noventa y nueve años y siente que en la vida tuvo un sueño que no pudo cumplir, hágame caso, trate de realizarlo. No se olvide nunca que, durante nuestra corta existencia en la tierra, hay dos posibilidades: o uno pasa por la vida o la vida pasa por uno... de usted depende...

Macrocosmos y microcosmos

EL SER HUMANO ha desarrollado, en los últimos tiempos, muchísimo más su mundo exterior que el interior y está, permanentemente, más preocupado por la imagen que proyecta hacia las demás personas, que vivir y cultivar el mundo interior, ese que da madurez, sentido a la vida y sincronía con el mundo que lo rodea.

Ya no tiene tiempo para mirar las estrellas en las noches, porque prefiere la comodidad de un sofá y que las estrellas sean las que aparecen en su televisor.

Ni que hablar de leer y de conversar de cosas triviales con su familia, ya que para eso se requiere comunicación y siempre está la excusa de que "hoy tuve un día pesado".

Es preferible que los niños tengan algo que hacer así no molestan y dejan tiempo libre para ver las noticias mientras se come y, así vean las imágenes de un tsunami, de una guerra o un terrible accidente, no parpadean y no dejan de mirar ni de comer, tan siquiera un minuto, total, "eso está muy lejos y no le va a suceder a nadie de mi familia".

El ser humano ha dejado de sorprenderse, ha dejado de buscar explicaciones y ya no le interesa responderse preguntas elementales como: ¿Quiénes somos?, ¿De donde venimos? ¿A dónde vamos?, preguntas que hasta hace un tiempo, no muy lejano, lo llevaban a buscar en el mundo interior y exterior, un sentido a la vida.

De Dios ni hablemos, si sólo nos acordamos de El cuándo hay que pedirle algo, cuando hay desesperanza o cuando se busca protección.

Además hace tiempo que no hay milagros y, como es tiempo de andar por fe y la ciencia brinda 'todas las explicaciones', al Creador se lo puede dejar de lado sin sentir remordimientos.

El ser humano ha avanzado muchísimo en el campo de la ciencia, la tecnología y el conocimiento del mundo exterior pero, para lo único que le ha servido, es para colmar su capacidad de asombro, adormecerle el alma y endurecerle el espíritu.

Mal que nos pese esa es la realidad porque el macrocosmos y el microcosmos del hombre son hoy... miserias del alma...

MÁS VALE POCO QUE NADA

LA VIDA NOS propone permanentemente el anverso y reverso de una moneda tirada al aire de la que debemos elegir una de las dos caras... Dicho de otro modo nos ofrece un vaso lleno por la mitad y debemos elegir con que parte nos quedamos del mismo... Hay gente que elige la mitad del vaso vacio y entonces siempre se queja de lo poco que ha obtenido, de las oportunidades desperdiciadas, de su poca suerte y del funesto destino que las persigue... Están tan concentrados en quejarse, compadecerse, justificarse y excusarse que olvidan disfrutar lo que la vida les ofrece en la mitad del vaso lleno.

Es como la historia del pino desconforme... que era joven y elegante, pero vivía infeliz en el bosque. Los niños pensaban que era muy bello y les encantaba jugar con él, pero el pino sólo se quejaba y pensaba en crecer rápido, quería ser un árbol grande para que lo convirtieran en el mástil de un barco y así recorrer el mundo y visitar muchos países. Después, si se cansaba, le gustaría ser un gigantesco árbol de navidad que, lleno de colorido y luces, colocarían en una plaza grandiosa para que todo el mundo lo admirara.

Siempre insatisfecho, era incapaz de escuchar las canciones de los pájaros y no lograba disfrutar con las caricias de la brisa, del sol y de la lluvia. Sólo deseaba que lo cortaran y se lo llevaran, para así huir de esa monotonía.

¡Cómo sufría y se quejaba el infeliz pino cuando veía que se llevaban a otros árboles del bosque, sin duda menos hermosos y esbeltos que él! Por fin, un día, llegó un hombre con un hacha, se fijó en él, asintió con la cabeza, lo cortó y se lo llevó a su casa.

Era navidad y lo adornaron con luces y bambalinas y él se moría de las ganas de que anocheciera para relucir y luego que fuera de día para que los niños vinieran a recoger sus regalos... Pero al poco tiempo ya se quejaba y estaba muy fastidiado porque le molestaban los cables de las luces y el lugar de la sala donde lo habían colocado no lo favorecía. Así pasó esos días, fastidiado, enojado y compadeciéndose de su suerte, hasta que una mañana sintió que lo desnudaban de todos los adornos y su corazón empezó a latir de la emoción porque pensaba que lo iban a llevar a conocer otros lugares.

Para su tristeza y decepción, lo retiraron de la casa y lo llevaron a un desván. Le costó mucho aceptar que lo habían abandonado y lloraba desconsoladamente de rabia y de impotencia. Unos ratones intentaron consolarlo, le propusieron ser sus amigos y le invitaron a jugar y a divertirse, pero el pino infeliz se quejaba de su destino porque pensaba que él había nacido para algo mucho más importante que jugar con unos pobres ratones y vivía en solitario su desencanto.

Cuando, por fin, alguien entró a buscarlo pensó que lo iban a plantar de nuevo o que lo llevarían a recorrer el mundo, pero lo picaron en pedazos e hicieron con él leña. "Se acabó, se acabó", pudo quejarse antes de morir, "¡Si me hubiera alegrado cuando aún podía!"...

Todos anhelamos que la vida sea un vaso rebosante de alegrías, éxitos y triunfos constantes, donde no haya ni un solo espacio para las tristezas, el fracaso o el error, pero si no conocemos ese lado de las cosas, ¿cómo gozar plenamente con los logros obtenidos? ¿Cómo templar nuestro espíritu para sobreponernos a las dificultades? La vida ofrece siempre dos caras y en ambas debemos mirarnos para crecer y disfrutar en la justa medida... Más vale gozar a pleno lo poco que podemos atesorar en nuestras almas, que quejarnos permanentemente por aquello que no podremos tener jamás...

CAMBIANDO LA LEY DE MENDEL

EN ESTA VIDA todo cambia, todo se modifica, nada es para siempre, todo tiene un principio y un fin y todo tiene una razón y un porque.

Ahora, yo pensé que hay leyes científicas no pueden ser cambiadas ni modificadas, pero los seres humanos somos capaces de hacer proezas increíbles e inenarrables, en todos los campos de la labor humana.

Las leyes de Mendel, en cuanto a la transferencia de los caracteres hereditarios, es irrebatible e inmodificable o al menos así lo creí yo, pero últimamente me he dado cuenta que algunos seres humanos están cambiando lentamente ese axioma que para la ciencia, aun hoy, sigue siendo inexpugnable.

Gregor Johann Mendel (1822-1884), monje que vivió en el imperio austriaco, llevó a cabo experimentos que constituyen el fundamento de la actual teoría de la herencia. Sus exhaustivos experimentos dieron como resultado el enunciado de unos principios que, más tarde, serían conocidos como Leyes de la Herencia.

Según esta ley, existe una característica notable entre los seres vivos, que es el parecido externo e interno. Esta característica común, que se manifiesta entre muchos de ellos, es tanto mayor cuánto más próximo es su parentesco. En este sentido, los individuos de una misma especie se parecen entre sí y los hijos se asemejan a sus padres. La razón está en que, tanto unos como otros, comparten una serie de caracteres morfológicos, fisiológicos, de comportamiento, etc., a los que llamamos caracteres hereditarios, que se transmiten de padres a hijos.

En realidad y esto es bien importante, no son los caracteres propiamente dichos, lo que los hijos reciben de los padres a través de la reproducción, sino la *información necesaria para desarrollar esos caracteres*, es decir, lo que hoy llamamos información genética.

La herencia de los caracteres o de la información para desarrollarlos se da de acuerdo a unas leyes universales y comunes para todos los seres vivos, que constituyen una de sus principales características.

Más allá de la parte científica de lo dicho líneas arriba, me interesaba compartir esta información porque, como dijimos al comienzo, los seres humanos actuales en su afán de perpetuar sus nombres y de asegurar el futuro de sus hijos, sobrinos, primos, hermanos, amigos y "amigos" (una especie de la que hay que tener mucho cuidado porque siempre rodean a las personas de éxito), pretenden "cambiar" las leyes de Mendel y asegurar que, toda persona que tenga un especial acercamiento con ellos, *obligatoriamente* tienen el mismo talento o habilidad para proseguir con sus mismos trabajos.

Que el mundo ha cambiado no hay duda pero, afortunadamente, más allá de que algunas personas crean que el talento se hereda cuantitativa y cualitativamente a todas las personas de su circulo y entorno únicamente, les digo que si uno se esfuerza, si se entrega de corazón en pos de una causa, si tiene dotes naturales para desarrollar una profesión, pone mucho empeño, mucha energía, humildad y amor a la causa, a pesar de algunos tropezones, la luz de su talento brillará con intensidad propia y podrá cumplir con sus deseos. Porque aquel que desea algo fuertemente en su corazón y pone toda la energía en desarrollar ese sueño, supera todas las adversidades y logra colocarse en el sitial que la vida le tiene reservado.

Para eso sólo hace falta un ingrediente fundamental que lo va a hacer distinguirse de los demás: la fe en uno mismo y en sus cualidades. Eso es fundamental para poder seguir preservando como hasta ahora, las leyes de Mendel...

UN MAL QUE NOS PERSIGUE DESDE CAÍN Y ABEL

EL SER HUMANO, desde el principio de la creación, ha dejado pasar una oportunidad única de disfrutar su condición de pensante... Dios nos otorgó la dadiva magnífica y especial del raciocinio y los sentimientos y el hombre los ha despilfarrado a gusto a lo largo de su historia, aguzando únicamente a dos de ellos: la envidia y los celos...

Podemos ver, desde Caín y Abel, que el hombre siente más celos y envidia por su semejante que amor y respeto. Es que, la necesidad de poseer los que los demás tienen, es un sentimiento tan fuerte y tan arraigado en la humanidad que ha desplazado y adormecido el resto de los sentimientos... El celo y la envidia no son patrimonio exclusivo de una pareja, sino que también salen a relucir a diario en las disputas entre hermanos, amigos, conocidos, vecinos, compañeros de trabajo, colegas y todo aquel que desea lo poco o mucho que tiene su semejante... en pocas palabras: la sociedad en su conjunto está enferma de envidia y celos y eso no nos permite crecer como género humano en busca de un bien común para todos.

Cuenta una historia que cierta vez en una selva se realizó una encuesta a los animales que vivían en ella. La gran pregunta que se hizo fue: ¿Qué te gustaría ser?

La primera entrevistada fue la ardilla que dijo: "Me agradaría ser como el León. Ese no tiene problemas: es fuerte y ningún animal puede agredirlo. Tiene varias esposas y todas le proveen alimento. Duerme y descansa todo el día, no tiene de que temer ni de qué preocuparse. En fin... su vida es un paraíso. Yo en cambio soy pequeña, débil, tengo que estar siempre alerta a cualquier depredador para esconderme rápidamente ni bien lo vea o escuche ruido. Además sólo en el verano consigo nueces que debo guardar para cuando llegue el invierno, de no hacerlo, muero... ¡Ay Dios mío! ¿Por qué no he nacido León para sufrir menos? No saben realmente cuánto lo envidio".

El próximo animal en responder la pregunta fue el León, quien dijo:

"¿Qué me agradaría ser?... Ardilla es pequeña y delgada lo que le permite pasar por cualquier lugar siendo casi imposible atraparla, además come muy poco y con unas pocas nueces es capaz de sobrevivir todo el invierno. Debido a su tamaño vive protegida, en cualquier hueco de los árboles, no sintiendo los rigores del invierno ni los grandes calores del verano. Yo en cambio debo depender totalmente de mis esposas para sobrevivir. Si ellas no cazan yo no como y por más que desee no puedo correr a mis presas debido mi gordura. En invierno, todas nuestras presas emigran hacia lugares más cálidos, por lo que debo sufrir hambre y valerme de mis reservas de grasa para sobrevivir. ¡Ah... como me gustaría ser ardilla, no saben lo mucho que la envidio!"

Por último le preguntaron a una hormiga y esta, después de mirar a los encuestadores respondió: "¿Qué me gustaría ser? Tanto a mí como a mis compañeras lo único que nos agrada es mejorar cada día en nuestro trabajo porque en realidad no lo hacemos para beneficio propio sino para toda nuestra sociedad. Míranos: unas somos soldados para poder defender con eficacia nuestra colonia, estando siempre alertas a cualquier peligro, otras son recolectoras de alimento y sin ellas moriríamos de hambre, bajo tierra están las tuneleras que constantemente excavan y realizan nuevos túneles para vivir y nuestra Reina está ocupada en la procreación constante pues sabemos que, cuánto más seamos, más fuertes estaremos en un futuro cercano. Cada una de nosotras está siempre actualizándose y aprendiendo, no para competir, sino para brindar a nuestra colonia más y mejores labores".

"Pero ¿No envidias a ningún animal de esta selva?" –preguntó uno de los encuestadores.

"¿Envidia?", respondió la hormiga. "Eso es el veneno del alma que primero carcome al que la posee, luego a su familia y por último destruye una sociedad. Nosotras nos ocupamos por muestra especie y no nos resulta beneficioso admirar o copiar lo que hacen otros animales".

El día que el hombre entienda lo beneficioso que es vivir como las hormigas, practicando la solidaridad y colaborando con nuestros semejantes para crecer como género, habremos dado el paso fundamental para el desarrollo definitivo de nuestra sociedad y nuestra especie...

De nosotros y sólo de nosotros depende que así sea...

NO ES UNA UTOPÍA

VIVIR EN UN mundo feliz deja de ser una utopía cada vez que veo a niños jugando juntos, sin que les importe la raza, el color de la piel, condición social y comunidades a las que pertenecen. Lástima que no pueda decir lo mismo cuando veo a los adultos que hacen todo lo contrario y cada día ponen más límites, que discriminan a sus semejantes justamente según el color de la piel o condición social, que ejercen el poder para imponerse ante los más débiles y que creen que la felicidad se reduce a acaparar todo lo que más se pueda en forma individual, sin entender que el verdadero propósito de la vida es mucho más simple, sencillo y generoso: respetar al semejante, ayudarlo, ser solidario e ir, toda la humanidad, tras un objetivo común.

Al llegar acá una pregunta surge inevitable, ¿Es que los niños tienen el poder y la sabiduría que a los adultos les falta?

Creo firmemente que mientras existan límites físicos y espirituales entre los seres humanos y que el individualismo prevalezca netamente sobre el bien común, cada día estaremos más lejos del propósito para el cual hemos sido creados. Claro que este tipo de reflexiones son utópicas si no demostramos, con hechos, que las palabras que decimos son posibles de ejecutar. Allí es donde nace la controversia, porque de que vale pregonar un mundo diferente, si no hay ninguna comprobación de que esto se pueda lograr.

Siempre me dijeron que no hay que buscar afuera de uno lo que existe en el corazón y vaya si es verdad, porque cuando me di a la tarea de buscar un ejemplo que demostrara que sí se puede vivir feliz en un mundo sin fronteras, sin odio racial, sin importar la condición social de los semejantes y sin ejercer el predominio de los fuertes sobre los débiles, encontré en mi corazón lo que no pude encontrar en ningún libro de texto, ni pagina web. El ejemplo lo tenía en mí porque, afortunadamente, hace muchos años atrás tuve el gran privilegio de vivir en un mundo feliz.

La población en que nací no superaba, en aquel entonces, los cinco mil habitantes y estaba enclavada en la frontera de dos naciones. Lo curioso es que allí los límites o la línea "divisoria" entre ambos países, no separaba sino que unía. No había arroyos, ríos o bardas que impidieran el tránsito u obstruyeran el paso, sino que las columnas del alumbrado en medio de una calle era una línea que simplemente marcaba el término de un país y el comienzo del otro... ¿Increíble verdad? Casi que de fábula o cuento de hadas, sin embargo es verdad...

Las dos poblaciones tenían el mismo nombre a cada lado de la frontera, por lo que sentíamos el raro privilegio de pertenecer a los dos países. No teníamos que presentar ningún documento para pasar de un país a otro, porque sólo teníamos que cruzar una calle, así que un rato estábamos en un país y otro rato en el otro, sin violar ninguna norma internacional y sintiendo que el mayor respeto era precisamente la libertad de saber que estábamos en un lugar especial y único...

Había allí más de seis tipos de culturas diferentes conviviendo, se hablaban más de cinco idiomas distintos, que se entremezclaban constantemente y, a pesar de esa heterogeneidad aparente, éramos el pueblo más homogéneo, unido y armonizado que seguramente veré en la vida.

En los diecisiete años que viví allí nunca presencié un robo y jamás vi un acto de discriminación a un semejante por la raza, el credo, color o condición social... No sé cómo estará hoy, me dicen amigos de la infancia que ya no es lo mismo, pero en aquel momento les confieso que ese pueblo era un mundo feliz, el mismo que podríamos vivir en cualquier punto del orbe si se terminara el individualismo, el egoísmo y la ambición...

Por eso te hago un homenaje hoy pueblo mío a la distancia ya que me enseñaste, entre otras cosas, que vivir en un mundo feliz no es una utopía sino una hermosa realidad...

BUSCA DENTRO DE TI

DESDE QUE EL ser humano creyó encontrar respuesta a la pregunta de dónde venimos, dejó de interesarse por saber: quiénes somos, a dónde vamos y qué propósito perseguimos como estirpe... quizás porque la ciencia de los hombres nos ha inculcado como ley universal la teoría de la "evolución" y la generación espontánea de la vida, movida únicamente por una infinita cadena de casualidades, casi tan inverosímil de creer, aceptar o entender, como para muchos lo es la teoría de la creación...

Al tomar como verdad única y absoluta la idea de que nuestro pasado y hasta la creación de todo el cosmos es producto del azar, la eventualidad o la coincidencia infinita de sucesos fortuitos, los seres humanos hemos perdido identidad como raza y hemos dejado de tener propósitos comunes que nos guíen a través de lo que suponemos es un caos universal generado por una poderosa explosión denominada "Big-Bang".

Si nos hemos convencido de que ocupamos un lugar en un universo macroscópico que es producto del azar, provenimos de la nada y el "perfeccionamiento" del género humano se ha hecho dramáticamente mediante la selección natural denominada "evolución", es lógico que la realidad de hoy nos enfrente a que los humanos no tengamos propósitos comunes y que cada quien luche por poseer y acaparar más para sí mismo, en defensa de su ya híper desarrollado individualismo y egoísmo microscópico... Si a eso le agregamos el miedo a la transitoriedad y fugacidad de la vida, concluimos que al hombre de hoy le es más cómodo pensar en la casualidad de su origen, dado que así la conciencia no le remuerde y puede seguir amando a su nuevo dios: su propia imagen... a quien le profesa una devoción sin límites...

Cuenta una historia conocida que las estrellas celebraron una asamblea y cada quien sacó a relucir sus méritos en la vida del hombre... La estrella polar demostró cómo les ayudaba a fijar el norte en sus mapas, el sol describió el calor y la luz que hacía llegar a la tierra, otra estrella reveló que ella fue la que confirmó la teoría de Einstein cuando pasó tras el sol durante un eclipse y otras mencionaron los descubrimientos a que habían dado lugar.

Cada una tenía algo que decir y rivalizaban en fama y esplendor... sólo una pequeña estrella, remota y escondida, permanecía callada. Cuando le llegó el turno, confesó que ella nada había hecho por el cosmos o por el género humano y que en la tierra ni siquiera la conocían, pues aún no la habían descubierto. Las demás estrellas se rieron y la tacharon de inútil, perezosa e indigna de ocupar un sitio en el firmamento.

La pequeña estrella escuchó los reproches y luego dijo: "¿Quién sabe? a lo mejor yo también estoy contribuyendo al progreso y bienestar del ser humano. Es verdad que no me conocen, pero ellos no son tontos y sus cálculos les dicen que para explicar el curso de los cuerpos celestes que conocen, tiene que haber todavía alguna otra estrella que con su atracción gravitatoria explique las desviaciones en los caminos de las demás. Por eso continúan estudiando, observando, buscando y con ello avanza su ciencia y continúa despierto su interés".

Las otras estrellas callaron y ella dijo algo que hizo pensar a todas: "No es que yo quiera anteponerme a nadie y tienen mucho mérito todas con lo que han hecho por la humanidad, pero creo que yo también estoy prestando un servicio importante: que sepan que aún les queda algo por descubrir"...

Ojalá el ser humano se de cuenta a tiempo de que lo "único" que le falta descubrir para trascender eternamente es, justamente, el mayor tesoro de su existencia... su alma... Pero eso no lo logrará mientras siga buscando, más allá del espacio infinito, lo que habita dentro de sí mismo desde siempre...

No te la creas

EL SER HUMANO tiene la costumbre de poner motes y catalogar a sus semejantes según sus habilidades y destrezas. Considera vivo a aquel que trata de tomar todos los atajos posibles para no llevar sobre sí una pesada carga y cree tonto a aquel que, acomodando su cuerpo, sufre y soporta con valentía el peso que la vida le ponga sobre sus espaldas. Tal es así que hasta hay un celebre refrán que dice: 'El vivo vive del tonto y el tonto de su trabajo'.

Sin embargo, en una gran paradoja de la vida, la mayoría de las veces el catalogado tonto llega más rápido a lograr sus metas que el nombrado vivo. ¿Por qué se da este claro contrasentido? Porque la actitud de ambos hacia la vida es diferente y porque muchas veces el tonto no es tan tonto y el vivo no es tan vivo.

Cuenta una historia que en un pueblo había un muchacho al que apodaban 'el tonto'... un visitante extranjero oyó hablar del chico y quiso averiguar el porqué. Un día de mercado lo vio entre un grupito de gente y se acercó para observar.

Algunas de las personas que estaban con 'el tonto' le enseñaban un billete de cien pesos en una mano y uno de cinco pesos en la otra y le daban a elegir. El muchacho, pensativo, acababa siempre por elegir el billete de cinco pesos y con ello causaba grandes risotadas a todos.

"Ese es el 'tonto', ja, ja, ja", decía la multitud, provocando que varios, en el afán de reírse del muchacho, le continuaran poniendo billetes para que decidiese con cual quedarse, acabando siempre en risa porque "el tonto" elegía invariablemente el de cinco pesos.

El extranjero, indignado con la situación, llamó al muchacho aparte y le dijo: "¿Chico, como consientes tanta burla, risas y que te llamen 'el tonto'? Cuando te ofrezcan los billetes elige el de cien pesos, que tiene veinte veces más valor y así evitarás que se burlen de ti".

El muchacho le contestó: "Señor, yo no soy tonto, si eligiera el billete de cien pesos ganaría una sola vez, pues eso ya no provocaría risa ni afán de ofrecerme más billetes mientras que, eligiendo el de cinco pesos cada vez, he reunido muchísimo más dinero que cien pesos cada día y ellos siempre tienen ganas de ofrecérmelos otra vez para reírse"...

Queda claro que no hay hombre más tonto que el que se considera inteligente, ni más inteligente que el que se hace el tonto... recuerda que el hombre inteligente quiere lo que sabe y el sabio sabe lo que quiere...

HAY QUE DIFERENCIAR LO ESENCIAL DE LO TRIVIAL

LOS SUCESOS COTIDIANOS de la vida nos marcan claramente hacia donde se encamina la humanidad y que podemos esperar del futuro de esta sociedadególatra e individualista. Basta participar en reuniones de familia, de amigos, sociales o casuales para ver cual es, hoy por hoy, la temática central del ser humano: ostentar, lucir y aparentar.

La competitividad actual es tal que el hombre, por querer ser más que sus pares y demostrar que es exitoso, termina distorsionando el concepto de cuales son los verdaderos valores que realmente se deben seguir en la vida. Lamentablemente ese es el concepto que hoy les estamos legando a nuestros hijos: que lo único importante y trascendente es poseer bienes materiales y, por sobre todo, que el placer mayor es mostrárselo y presumírselo a los demás... sobre todo a los que menos tienen.

A veces me pregunto en que nos diferenciamos de los demás animales de la escala zoológica si poseemos el don de discernir pero no lo hacemos. Tenemos a mano una escala de valores, que Dios nos dio para construir una verdadera humanidad, pero esta es cada vez menos utilizada porque preferimos hacer prevalecer en nuestras relaciones la petulancia y la vanidad... ¿Donde quedaron los preceptos que nos legó Jesús?... ¿Donde ha quedado aquella maravillosa obra en donde todo se basa en querer al prójimo como a si mismo, poner la otra mejilla, reconciliarse con el hermano y ponerse de acuerdo con el adversario? Recuerden que, como dijo Jesús, nadie puede servir a dos señores, no se puede servir a Dios y al dinero.

Es imperativo que nos demos cuenta que sólo redefiniendo nuestros valores podremos hacer cambiar a esta sociedad que, de seguir así, va en vías irremediables de extinción. Y, lo que es mejor, debemos comprender que sólo es posible infundir valores a los demás si realmente nos esforzamos por construirlos en nuestra propia vida.

Debemos plantearnos, con humildad y con responsabilidad ser modelos de vida para nuestros hijos de modo que estos nos perciban como personas comprometidas en su continua superación.

Por eso, si es vanidad, soberbia o egoísmo lo que mueve tu vida, entonces no eres libre... Como dijo el Diacono Antonio Araya: Si eres lo que eres, sirve, ama y da pero nunca digas que eres más que los demás. Si eres sabio, calla, que el mundo descubra en ti la sabiduría. El mundo está cansado de oír: "yo soy", "yo hago", "yo sirvo" así que pregúntate desde ahora: "¿Quién soy?", "¿Qué hago?", "¿A dónde voy?" y sé tan sabio para enseñar a los demás, en tu acción más pequeña que, dándolo todo, parezca que no das nada.

Solo podremos avanzar en la vida y ser una verdadera sociedad si aprendemos a diferenciar lo esencial de lo trivial, erradicando lo frívolo y recuperando valores espirituales que nos permitan reedificar los verdaderos cimientos de la humanidad.

NO LE PIDAS PERAS AL OLMO

HACE ALGUNOS DÍAS atrás, en una plática, alguien me dijo "¿será posible que alguna vez los buenos triunfen realmente sobre los malos, como en las películas? ¿O que estos paguen la consecuencia de sus actos?" y la pregunta quedó rondando en mi cabeza como un fantasma espeluznante...

Es que la cuestión es profunda y me da escalofríos pensar en una respuesta optimista o certera cuando veo en lo que se ha convertido el ser humano... calculador, frio, egoísta, ventajero, que se ha acostumbrado a usar a los demás y tirarlos luego a un costado sin ningún escrúpulo. Y, si eres realmente bueno en algo o posees un bien a usufructuar, vuelven a ti como si nada, acuciados por la necesidad repentina y cuando sacian nuevamente su penuria pasajera vuelven a dejarte en el olvido hasta la próxima vez y así el ciclo se vuelve eterno.

Es que la gente, no sé si de forma consciente o inconsciente, sólo mira y vela hoy por su interés personal, su beneficio propio, su bienestar, sirviéndose de los demás cuando les conviene pero olvidándose de las necesidades ajenas y, ante esta realidad, se vuelve una ímproba tarea mantener principios solidarios, caritativos o humanitarios, que nadie repara o advierte y que todo el mundo atropella o usufructúa para su propio bien... Si será así, que el ser humano admira hoy mucho más al malo (o por lo menos lo considera más "inteligente") que al bueno y hasta hacen apología de la "viveza" que tienen aquellos que no tienen escrúpulos... Hasta hay un refrán que reza: "el vivo vive del tonto y este de su trabajo"...

Muy lejos ha quedado, lamentablemente, la prédica de la otra mejilla, la moralidad, los buenos principios y los valores humanos, en un mundo que se despedaza porque todos quieren sobresalir y ser los únicos acaparadores de logros, éxitos y beneficios personales.

Así, la gente se ha ido mimetizando y contagiando de la nueva forma de vida impuesta por la "sociedad" moderna, en donde estamos todos juntos pero no revueltos, por lo que cada vez se resfría más el espíritu humano, quedando en el olvido los buenos valores o los deseos de servir y amar al prójimo como a mí mismo... Más bien la nueva doctrina es: "que tú y tu prójimo me amen a mí como a sí mismo"...

¿Suena apocalíptico verdad? Pues lamentablemente es una cruel realidad que preferimos ignorar en beneficio de satisfacer nuestro propio ego y necesidades. La gran pregunta sería entonces: ¿Se puede cambiar esta realidad actual? La respuesta más lógica sería la del título de esta columna: "no le pidas peras al olmo", pero como soy un optimista por naturaleza y defecto, sólo puedo decir que cambiar esta realidad depende de ti, de mi y de todos nosotros y que si nos rendimos ante la adversidad habremos condenado a la sociedad de nuestros hijos a ir por un peligroso despeñadero...

ELEVEMOS NUESTRO ESPÍRITU

MI PADRE SIEMPRE me decía: "si quieres conocer verdaderamente a alguien dale poder, si no cambia a pesar de su investidura es una persona en quien puedes confiar y con quien vale la pena cosechar una amistad, pero si tener autoridad lo transforma en un déspota o unególatra, mejor aléjate de él... porque quien se obnubila con su jerarquía, carece de valores fundamentales para tener equidad y correspondencia en una amistad".

Han pasado muchos años y todavía tengo incorporada en mí esa frase, dado que el paso del tiempo me ha dejado ver que las personas que se dejan seducir por el poder y no lo saben controlar, administrar o manejar, se vuelven frías, avaras,ególatras y personalistas perdiendo por lógica consecuencia la integridad, objetividad y consideración necesaria para llevar adelante relaciones de proporciones igualitarias. Están tan convencidas que todo se resume a levantar su cayado amenazante desde la alta, escarpada y solitaria cima del poder para imponer, exigir, obligar y sancionar en consecuencia, que terminan perdiendo la equidad y la sensibilidad necesaria para construir esas relaciones igualitarias. Es más, prefieren que los demás le tengan miedo antes que estima o que sus semejantes los sigan por el influjo que despierta su poder a tener relaciones basadas en la correspondencia mutua, ya que de esta manera pueden seguir ostentando el poder absoluto.

Para que esto no llegue a ocurrirnos a nosotros mismos o que aprendamos a diferenciar unas personas de otras les cuento una historia que ocurrió en un pueblo lejano, un día que llegó un hombre ya bien anciano. Dicen que era sabio. Unos jóvenes universitarios decidieron probarlo. Fueron hasta él y le preguntaron: "Si eres un sabio, entonces dinos quien es la mejor persona de este pueblo".

Al día siguiente el anciano se posicionó en una calle donde se dice que todos los ciudadanos pasaban continuamente y se colgó un cartel que decía: "Necesito algo de usted. Por favor, dóneme algo".

La gran mayoría le dio dinero. Pero, cada vez que le daban las monedas, él las arrojaba a otro mendigo que se encontraba a su lado. La gente se sorprendió con su actitud...

Al día siguiente de nuevo estaba él con el mismo cartel. Esta vez, muy pocos le dieron dinero, que fue debidamente arrojado al otro mendigo, pero le trajeron comida. Nuevamente, el sabio dio toda la comida recibida a otros mendigos cercanos y, al llegar la hora del almuerzo, comió de su propia comida. Nadie entendió que quería realmente el sabio...

Llegó el tercer día y estaba él con el mismo cartel. Esta vez le dieron menos dinero que el día anterior y muy pocos le dieron comida y la que recibió él la distribuyó con los otros mendigos del lugar. Pero, casi al finalizar la tarde, un hombre apareció se acercó al sabio, le preguntó cómo estaba, le sonrió, conversó un rato con él y después se retiró. Cuando el hombre se fue, el sabio se movió y abandonó el lugar, porque había obtenido la respuesta que precisaba.

Dos días después los jóvenes preguntaron al sabio sobre lo que había sucedido y si había descubierto quien era la mejor persona del pueblo y el anciano respondió: "Mis jóvenes, la realidad es que tanto el dinero como la comida que me dieron no tenían nada de especial. Las personas de este modo sólo estaban dando algo de lo que les sobra y acallan así sus conciencias. Sin embargo, la persona que se acercó, me sonrió y conversó conmigo es la mejor de todas, porque me dio la riqueza de la vida y la comida del alma, sin duda esa es la mejor, porque estableció conmigo una relación igualitaria... Solo les digo que, siempre que busquen a alguien para entablar una amistad verifiquen que, junto con cualquier cosa material, esa persona dé algo de sí misma"...

El poder es un implacable somnífero que suele adormecer la conciencia y el alma, por eso hay que tener mucho cuidado con su manejo, porque si uno lo usa irresponsablemente, la sensibilidad suele quedar de lado dejándole el campo libre al narcisismo que obra con crueldad, egoísmo e individualidad. De nosotros depende...

CUANDO TERMINA EL ESFUERZO COMIENZA EL FRACASO

MUCHAS VECES LA gente le atribuye sus desdichas a la suerte, al destino o a terceras personas, sin darse cuenta que lo que conspira contra uno mismo es su propio ser interior. La indolencia, desidia o pereza es un mal que se ha instalado en el ser humano y, quien no lucha contra ella, se verá inexorablemente arrastrado a la frustración y no concreción de sus logros...

La gente ya ha establecido ciertos subterfugios para amodorrar la mente y no realizar cosas que modifiquen su camino y su futuro. Por ejemplo escuchamos a diario decir: mi voto no decide... ¿Para que ir a votar? o, a esas reuniones ya va mucha gente... ¿En que va a influir mi presencia? También dicen: es muy lejos ¿para que voy a ir? , hay mucha nieve, no vale la pena salir, es un trabajo que seguramente no voy a conseguir... ¿para que perder el tiempo? o, estoy cómodo así... ¿para que intentar cambiar?... Podríamos llenar esta columna de excusas que a diario pone la gente para no superarse, para no crecer, para no ir un paso más allá de lo que ya ha conquistado y seguramente nos quedaríamos cortos... lo peor es que, justamente, esas excusas son las que esgrimen plañideramente cuando ven que a los demás les va mejor y obtienen logros que ellos no consiguen por la falta de decisión y apatía.

Por eso, si te quejas de continuo de la suerte que tienes, si vez que los demás siempre van un paso más adelante y tu sólo pones excusas que entorpecen el camino, atrévete a mirar adelante y a cambiar el rumbo... La Madre Teresa de Calcuta decía que debemos tener siempre presente que, "la piel se arruga, el pelo se vuelve blanco, los días se convierten en años... pero lo importante no cambia: tu fuerza y tu convicción no tienen edad. Tu espíritu es el plumero de cualquier tela de araña. Detrás de cada línea de llegada, hay una de partida, detrás de cada logro, hay otro desafío.

Mientras estés vivo, siéntete vivo, si extrañas lo que hacías vuelve a hacerlo, no vivas de fotos amarillas...

Sigue aunque todos esperen que abandones. No dejes que se oxide el hierro que hay en ti. Haz que en vez de lástima, te tengan respeto.

Cuando por los años no puedas correr, trota. Cuando no puedas trotar, camina. Cuando no puedas caminar, usa el bastón... ¡Pero nunca te detengas!".

¿Puede haber frases más inspiradoras que estas para dejar atrás las excusas? Solo recuerda que primero debes de lanzar tu corazón para saltar el obstáculo. Muchos desfallecen ante el obstáculo y ellos son aquellos que no han lanzado primero el corazón...

EL ECO DE LA VIDA

EL SER HUMANO no aprende a pesar de sus continuos traspiés y tampoco vive con propósito, por eso deambula en este mundo sin rumbo fijo y sólo piensa en el bien individual en vez de tener conciencia colectiva. El hombre se ha olvidado que habita un pequeñísimo planeta, en un inconmensurable espacio y se he enfrascado en una anodina lucha por bienes materiales y por espacios reducidos, poniendo fronteras en la geografía y también en el alma...

Es triste pensar que, siendo el ser humano el único animal de la escala zoológica dotado de inteligencia, sea el que menos sentido tiene de perseguir fines comunes, trabajar mancomunadamente y velar por los intereses de toda la sociedad por igual. Hasta los animales más insignificantes en dicha escala realizan esfuerzos en conjunto para mejorar las condiciones de vida de su especie.

Quizás deberíamos aprender de las cosas más sencillas de la vida para tomar conciencia de lo alejado que estamos del verdadero propósito de la humanidad. Cuenta una historia antigua que un hijo y su padre, estaban caminando en las montañas. De repente el hijo se lastima y grita: "¡Ahh!" Para su sorpresa oye una voz repitiendo en algún lugar de la montaña: "¡Ahh!"

Con curiosidad el niño grita "¿Quien está ahí?" y recibe una respuesta: "¿Quien está ahí?". Enojado con la respuesta, el niño grita: "Cobarde" y recibe como respuesta: "Cobarde".

El niño mira a su padre y le pregunta: "¿qué sucede?"; El padre, sonríe y le dice: "Hijo mío, presta atención", y entonces el padre grita a la montaña: "¡Te Admiro!"... y la voz le responde: "¡Te admiro!". De nuevo, el hombre grita: "¡Eres un Campeón!"... y la voz le responde "¡Eres un campeón!".

El niño estaba asombrado, pero no entendía, luego el padre le explica: "La gente lo llama eco... ¡pero en realidad es la vida!: te devuelve todo lo que dices o haces... nuestra vida es simplemente un reflejo de nuestras acciones".

Lo que te ofrece hoy la vida es tan solo el eco de tus acciones cotidianas, así que revisa atentamente los sentimientos que estas sembrando entre tus congéneres porque la cosecha que recogerás será inevitablemente un fiel reflejo de lo que has dado... Si sembraste amor, respeto, solidaridad, amistad y compasión esa será tu cosecha, pero si sembraste vientos inevitablemente cosecharás tempestades... De ti depende...

EL PREJUICIO ES HIJO DE LA IGNORANCIA

ESTE MUNDO SE ha vuelto tan frívolo y mediático que muy pocas personas se dan a la tarea de conocer a sus semejantes sin juzgarlos y/o catalogarlos previamente por su apariencia, condición social o vestimenta. Este es un mal que se ha instalado definitivamente en la sociedad moderna y que ha estigmatizado a aquellas personas que, por diferentes circunstancias, no alcanzan el estándar o patrón medida que la sociedad ha impuesto como válido para poder llegar a ser tratados, queridos, aceptados o tan siquiera respetados.

Seguramente muchos lectores pensarán que lo que digo es exagerado, pero quien recorre a diario cualquier ciudad del mundo sabe que el preconcepto o el prejuicio es el primer muro que debe derribar un ser humano común al entablar una relación social, cultural, comunitaria o afectiva y obtener resultados positivos sin ser rechazado gracias a su porte exterior. Es tanta la imposición del preconcepto y de un patrón medida por parte de la gente, que muchas veces se pierden la oportunidad de conocer a otros seres humanos de extraordinarios valores, sólo porque estos no traen puesta ropa de moda, automóvil moderno o apariencia física acorde a la medida de belleza que ha impuesto el mundo de hoy.

Cuenta una leyenda urbana que una mujer ataviada con un sencillo vestido de algodón y su esposo, con un traje polvoriento producto del largo viaje, se bajaron del tren y caminaron tímidamente, sin tener una cita, a la oficina de la secretaria del Presidente de la Universidad más importante del país. La secretaria adivinó en un momento que esas personas no tenían nada que hacer allí y, probablemente, no merecían estar en tan prestigioso lugar. "Desearíamos ver al presidente" dijo suavemente el hombre. "Él estará ocupado todo el día', dijo la secretaria. "Esperaremos" replicó la mujer.

Por horas la secretaria los ignoró, esperando que la pareja finalmente se desanimara y se fuera, pero ellos no lo hicieron, por lo que la secretaria vio aumentar su frustración y finalmente decidió interrumpir al presidente, aunque era una tarea que ella siempre esquivaba. "Tal vez si usted conversa con ellos por unos minutos, se irán" le dijo. El hizo una mueca de desagrado y asintió, alguien de su importancia obviamente no tenía el tiempo para ocuparse de ellos. El presidente, con el ceño adusto y con dignidad, se dirigió con paso arrogante hacia la pareja.

La mujer le dijo "Tuvimos un hijo que amaba a esta Universidad, soñaba con estudiar aquí un día, pero hace un año murió. Mi esposo y yo deseamos levantar un memorial para él en alguna parte del predio universitario". El presidente no los tomó en cuenta y dijo ásperamente: "Señora, no podemos poner una estatua para cada persona que ame a la Universidad y fallezca. Si lo hiciéramos, este lugar parecería un cementerio"...

"Oh no", explicó la mujer rápidamente. "No deseamos erigir una estatua. Pensamos que nos gustaría donar un edificio a la universidad"... El presidente entornó sus ojos, miró el aspecto de la pareja y entonces exclamó: "¡Un edificio! ¿Tienen alguna remota idea de cuánto cuesta un edificio? ¡Hemos gastado más de siete millones y medio de dólares en los edificios de esta universidad!"...

Por un momento la mujer quedó en silencio... El presidente estaba feliz, tal vez podría deshacerse de ellos ahora. La mujer se volvió a su esposo y dijo suavemente "¿eso es todo lo que cuesta iniciar una universidad? ¿Por qué no iniciamos la nuestra?"... Su esposo asintió y el rostro del presidente se oscureció en confusión y desconcierto.

La pareja se fue y, un tiempo después, fundó una Universidad que llevaba el nombre de su amado hijo y que pasó rápidamente a ser una de las más importantes del país, compitiendo en importancia con la anterior...

La historia narra cómo la gente juzga a sus semejantes sin conocerlos, basta simplemente con hacerse un preconcepto de la persona que tiene enfrente y a partir de allí le dará la atención que cree que merece, sin importar la verdadera dimensión de las cosas...

Sinceramente creo que la humanidad tiene muy pocas probabilidades de sobrevivir y desarrollarse si, como dijo Albert Einstein, "es más fácil desintegrar un átomo que destruir un prejuicio o preconcepto"...

EL VERDADERO ARTE DE DECIR LAS COSAS

MUCHAS VECES LAS personas apelan a las llamadas mentiras piadosas o a una verdad a medias para no hacer sentir mal a alguien cuando tratan de decirle algo complicado, pero no saben que en realidad lo que están haciendo es mucho peor que si le dijeran la verdad lisa y llanamente. No existen las verdades a medias o es verdad o simple y llanamente es una mentira.

El verdadero arte de saber decir las cosas es hablar con la verdad sin hacer sentir mal a la gente. ¿Qué es imposible eso? No, basta con ver esta sencilla historia...

Un Rey soñó que había perdido todos los dientes. Después de despertar, mandó llamar a un Sabio para que interpretase su extraño sueño.

"¡Qué desgracia mi señor!", exclamó el Sabio. "Cada diente caído representa la pérdida de un pariente de vuestra majestad".

"¡Qué insolencia!", gritó el Rey enfurecido. "¿Cómo te atreves a decirme semejante cosa? ¡Fuera de aquí!" Llamó a su guardia y ordenó que le dieran cien latigazos.

Más tarde ordenó que le trajesen a otro Sabio y le contó lo que había soñado. Este, después de escuchar al Rey con atención, le dijo: "¡Excelso señor! Gran felicidad os ha sido reservada. El sueño significa que sobrevivirás a todos vuestros parientes". Se iluminó el semblante del Rey con una gran sonrisa y ordenó que le dieran cien monedas de oro.

Cuando éste salía del Palacio, uno de los cortesanos le dijo admirado: "¡No es posible! La interpretación que habéis hecho de los sueños es la misma que el primer Sabio. No entiendo porque al primero le pagó con cien latigazos y a ti con cien monedas de oro".

"Recuerda bien amigo mío", respondió el segundo Sabio. "Todo depende de la forma en el decir... uno de los grandes desafíos de la humanidad es aprender a comunicarse"...

La sencilla historia demuestra que la forma de decir las cosas es decisiva para obtener la buena disposición de quienes te escuchan. De la comunicación depende, muchas veces, la felicidad o la desgracia, la paz o la guerra... Es que la palabra es un don que se nos ha dado, pero hay que utilizarla con sabiduría y prudencia, porque en ocasiones puede ser una suave caricia e, inmediatamente, puede convertirse en un doloroso y cruel latigazo...

LA ESPERANZA DE UN SUEÑO

ES EN LAS cosas simples donde se oculta la verdad de la vida y es allí donde podemos encontrar las respuestas a los grandes problemas de la humanidad.

Hace unos días, mirando desde la ventana del departamento de un amigo, pude ver que los mayores tenemos mucho más prejuicios que los niños ya que, en el predio delimitado por el condominio para los más chicos, había más de veinte niños jugando armoniosamente sin reparar en la condición social de cada uno.

El mayor objetivo del grupo era el juego y todos colaboraban gustosos para que el mismo se desarrollara de la mejor manera. Lo más importante, quizás, es que en el grupo se podían apreciar niños de diferentes razas y a ninguno parecía importarle el color de la piel del otro, ni su cultura, ni su procedencia. Allí lo que importaba era capitalizar el tiempo libre de la mejor manera, todos juntos y tras un mismo objetivo... ser felices.

Y no vayan a creer que todos jugaban en el mismo lugar pero disgregados o que ocupaban el mismo espacio y que cada uno hacia sus cosas sin preocuparse por el otro... lo notable del caso es que todos jugaban juntos y hasta se prestaban sus juguetes...

Si eso es posible, si a tan temprana edad se pueden obviar las diferencias entre los seres humanos... ¿Porque a medida que el hombre crece se olvida de este precepto y encamina sus pasos hacia la individualidad, la egolatría y el egoísmo?

Mientras la soberbia, la vanidad y el materialismo sean los motores que mueven la vida del mundo de los adultos jamás seremos libres y la esperanza de tener un mundo más justo, equitativo y ecuánime simplemente será un sueño que seguiremos acunando, con la vana esperanza de encontrar cura a los males más endémicos de la humanidad...

EL PODER DEL RUMOR

¿QUIERE DECIRME QUE puede ser más poderoso y veloz que un rumor?... creo que nada... Si será poderoso y rápido que recorre bocas con más celeridad que la velocidad de la luz, agrandándose constantemente hasta colapsar y producir un estallido más grande que el de las famosas estrellas supernovas... Es increíble como la gente se pasa rápidamente una noticia sin verificar y cada uno, para darle un toque más asombroso, va agregando comentarios y hechos que, en determinado momento, se salen de control y producen una psicosis colectiva.

Hace algunos años atrás se realizó en un país latinoamericano, por parte de una agencia publicitaria, una prueba para confirmar la rapidez con la que corre un rumor. La idea era ver si realmente podía utilizarse, llegado el caso, esta vía como un método efectivo de promoción.

La prueba consistió en hacer correr la voz a dos o tres personas de una historia falsa sobre un casamiento que no llegó a ocurrir, porque el novio le dijo que no a la novia en la mismísima iglesia.

El tema era realmente un buen chisme por lo que la gente lo empezó a repetir y a agrandar para hacerlo más fabuloso y que realmente valiera la pena contarlo.

Al cabo de dos días el rumor no sólo había circulado por toda la ciudad donde se había lanzado, sino que ya era de dominio nacional y la historia era tan pero tan increíble, que nadie dejaba de hablar de ella. Lo más sorprendente es que la sencilla historia ya se había modificado extraordinariamente y se contaban miles de pormenores de porque el novio se había negado a casarse con la novia... y, ¡hasta había testigos presenciales del hecho!

Quedó comprobado, sin dudas, el poder del rumor, la velocidad del mismo y lo que puede desencadenar a medida que se va agrandando...

La confidencialidad es algo difícil de mantener en el mundo de hoy y parece que cuando te dicen: "te cuento algo pero, por favor, no se lo digas a nadie", en realidad están azuzando a quien recibe el chisme para que lo divulgue con más fuerza y más detalles de lo que en realidad lo recibió...

Por eso, si llega a ti una noticia que no tiene una fuente confiable o si no sabes si en realidad ocurrió, primero piensa muy bien si la sigues difundiendo antes de corroborarla. Y si quieres ser una persona realmente confiable para tus conocidos, trata que lo que te entra por los oídos no salga nuevamente de forma rápida por la boca.

EL LADO OSCURO DEL ALMA

QUIEN PUEDE CREER que la humanidad avanza y evoluciona, cuando cada día hay más problemas de odio racial, intolerancia, robos, asaltos, asesinatos, secuestros y toda la gama de exabruptos que usted se pueda imaginar... Y no crea que hablamos únicamente de estadísticas mundiales o de países remotos, porque la violencia hace tiempo que está instalada entre nosotros y puede hacer eclosión, con todo furor, en cualquiera de los barrios donde vivimos...

Es más el frenesí de violencia es tal que, lamentablemente, está instalado incluso en el núcleo principal de nuestra sociedad como lo es la familia, donde debería primar la cordura, el amor hacia sus integrantes y, sobre todo, el respeto... Pero, si ese bastión fundamental de la humanidad ha sido tomado y dominado por la intolerancia, el exabrupto, la agresión y el ensañamiento... ¿que dejamos entonces para lo que se vive inmediatamente después de las puertas de nuestros propios hogares?

Basta ver, leer o escuchar cualquier medio de prensa para saber qué, muy cerca de nosotros, ha pasado en el día de hoy un acto de violencia... Por lo tanto no estamos hablando de lugares lejanos, la violencia también está entre nosotros.

En realidad está en todos lados, agazapada, esperando el más mínimo de los motivos para surgir y golpear con una ferocidad que asusta y paraliza la mente.

La gran pregunta es ¿Cuál es el motivo de tanta violencia? ¿Qué la ha generado? ¿Por qué los seres humanos cada día involucionan más y se escudan en ella para dejar salir afuera todas sus frustraciones?

En realidad... ¿Qué mundo les estamos legando a los niños? ¿Qué mensaje les estamos dando de cara al futuro de la humanidad?... muchas preguntas para tan pocas respuestas...

En la llamada era científica, el hombre se ha olvidado de Dios, le ha perdido el respeto y el miedo y desde ahí han comenzado todos los problemas. Cuanto más racionales nos volvemos, más individuales son nuestros impulsos, más egoístas y más alejados de la tolerancia, el respeto y el orden... Es que el ser humano se ha adentrado en una época en donde ha dejado salir, definitivamente, el lado oscuro del alma...

LOS TIEMPOS ESTÁN CAMBIANDO

ESCUCHÉ HACE UN tiempo una canción que decía: "los tiempos están cambiando y nada va a quedar igual..." y vaya que a juzgar por los sucesos mundiales que se registran, uno tiene que pensar que lo que dice la canción es real... indudablemente los tiempos están cambiando...

Donde más se nota el cambio, donde más significativo se puede apreciar ese devenir, es en el papel protagónico que ha tomado la mujer en la actualidad, como ha logrado hacer valer sus derechos y como ha ocupado un lugar preferencial en la sociedad. Para tener una total visión de ese avance basta retrotraernos en el tiempo y ver como ha ido variando paulatinamente su papel en la historia.

El hombre fue, en el comienzo de los tiempos, el protagonista casi absoluto. Tan fuerte fue su imposición en el mundo, que los grupos sociales que se crearon giraron en torno a su figura y la mujer quedó, en su gran mayoría, relegadas a un segundo plano.

Fue en Inglaterra, hace casi un siglo atrás, que la mujer empezó a acelerar el proceso de hacer valer sus derechos y a exigir tener más protagonismo en la historia. En aquel entonces surgió el llamado movimiento de "Liberación Femenina", un grupo de mujeres que tuvo la audacia, en aquella época, de protestar en contra de la discriminación de la mujer en cuanto al sufragio. El grupo exigía el voto femenino para elegir a sus gobernantes, este movimiento tuvo gran repercusión y pasó rápidamente a los Estados Unidos a donde se las llamaba "sufragistas".

El logro conseguido estimuló la lucha por el reconocimiento de sus derechos y, desde ese entonces, la mujer ha ganado terreno en todas las áreas. Podemos decir, a modo de ejemplo, que a partir de allí la mujer ha conquistado el derecho al profesionalismo y a desempeñar puestos públicos, incluyendo el de primer ministro y a ser tenida en consideración en igualdad de condiciones con el hombre.

Tan arrollador ha sido el paso de la mujer en estos últimos cien años que, de ser reconocida la sociedad como "machista" ha comenzado lentamente a cambiarse dicha apreciación por la de una sociedad "feminista". Tan es así que hoy es completamente aceptado que la mujer sea la que trabaje fuera de la casa, mientras el hombre es el que hace las tareas del hogar.

Todos los logros son aceptados, la mujer se ha igualado con el hombre en sus derechos y sus obligaciones pero, claro, uno espera que este hecho no le haga perder su feminidad, su donaire, su gracilidad.

Los tiempos están cambiando, no hay dudas, esperemos que la mujer siga haciendo valer sus derechos y esté a la par del hombre en todos los sentidos... sólo es de esperar que la gran posibilidad que le otorgó la naturaleza de poder concebir y dar a luz, le siga dando ese toque tan sutil que ha mantenido a lo largo de la historia...

EL AMOR Y LA LIBERTAD

AMAR Y SOBRE todo ser amado es una de las principales metas que tiene el ser humano en la vida y, aunque lo esconda muy bien bajo su instinto individualista, el hombre no concibe la vida si no está en pareja... De nada vale el poder, la riqueza, los logros personales y el patrimonio adquirido si falta alguien con quien compartir todas esas conquistas...

Desde niños hemos sido preparados y educados para eso: para convivir, entregarnos y compartir con alguien más nuestras fortalezas y nuestras debilidades, de modo que sea más ágil la carga que se lleva en la vida. Lo más irónico e increíble es que, en promedio, cuánto más dinero, poder y riqueza se acumulen, menos probabilidades hay de encontrar una persona que comparta todo, auténticamente y sin ningún interés de por medio... También resulta asombroso que, cuanto más se quiera retener a una persona a nuestro lado, más fácil es que se vaya... La fuerza, el autoritarismo, la intimidación, la desconfianza, los celos y finalmente la violencia, son argumentos que muchas veces se utilizan para matar el amor, por eso hoy les voy a decir que existe una receta mágica para que un verdadero amor dure para siempre...

Cuenta una historia que una vez un guerrero indígena muy respetado y la hija de la matrona de la tribu, se enamoraron. Se amaban profundamente y pensaban casarse, para lo cual tenían ya el permiso del cacique de la tribu. Pero antes de formalizar el casamiento fueron a ver al Brujo, un hombre muy sabio y muy poderoso, para saber si los Dioses iban a proteger su amor.

El brujo les dijo que ellos eran buenos muchachos, jóvenes y que no había ninguna razón para que los dioses se opusieran. Entonces ellos le dijeron que querían hacer algún conjuro que les diera la fórmula mágica para ser felices siempre...

El brujo les dijo: "Bueno hay un conjuro que podemos hacer, pero no sé si están dispuestos porque es bastante trabajoso".

Los enamorados respondieron que estaban dispuestos a todo para asegurarse la felicidad eterna de la pareja... Entonces el brujo le pidió al guerrero que escalara la montaña más alta y buscara allí al halcón más vigoroso, el que volara más alto, el que pareciera más fuerte, el que tuviera el pico más afilado y que se lo trajera vivo a su tienda.

A su vez le dijo a ella: "a ti no te va a ser fácil, vas a tener que ir al monte, buscar el águila que sea la mejor cazadora, la que vuele más alto, la que sea más fuerte, la de mejor mirada, vas a tener que cazarla sola, sin que nadie te ayude y vas a tener que traerla viva aquí".

Cada uno salió a cumplir su tarea y al cabo de cuatro días volvieron con el ave que se les había encomendado, entonces le dijeron al brujo: "Acá está lo que nos pediste... ¿Ahora qué hacemos con ellas?" Entonces el brujo les dijo "ahora vamos a hacer el conjuro"...

"¿Volaban alto?", preguntó. "Sí", le dijeron los enamorados. "¿Eran fuertes sus alas, eran sanas, independientes?", volvió a inquirir el brujo. "Sí", contestaron los jóvenes. "Muy bien", dijo el brujo nuevamente, "ahora átenlas entre sí por las patas y suéltenlas para que vuelen"...

Entonces el águila y el halcón comenzaron a tropezarse, intentaron volar, pero lo único que lograban, era revolcarse en el piso y se hacían daño mutuamente, hasta que empezaron a picotearse entre sí.

Los jóvenes miraban asombrados y fue entonces cuando el brujo les dijo nuevamente: "Este es el conjuro: Si ustedes quieren ser felices para siempre *vuelen independientes y jamás se aten el uno al otro*"...

Un viejo proverbio dice que, "si amas algo déjalo libre si vuelve es tuyo y si no, nunca lo fue"...

MELANCOLÍA

SUS OJOS ESTABAN fijos en mí... suplicantes, anhelantes, mientras su mano atenazaba la mía con gran intensidad, aunque ya sin fuerza, tal cual fuese el último cabo de un barco amarrado en el puerto, que soporta la más feroz de las tormentas y se va deshilachando...
   Como explicar esos últimos minutos de la vida de mi padre... en los que el mundo se detuvo y tan solo con miradas nos dijimos más de lo que jamás hablamos... Es difícil de explicar la sensación de paz y de dolor que embargó mi alma y lo que esos minutos cambiaron mi vida para siempre.
   Mi padre había decidido, un tiempo antes, jugar su destino en una operación quirúrgica (que nunca llegó a tiempo) y para tal momento, dijo, quería estar cerca de mí... Y ahora estábamos allí, al borde de la última frontera, en la antesala de un viaje de los que no tienen retorno, sin más diálogo que el de mirarnos a los ojos y el calor de las manos que querían atesorar un poco más de tiempo para decirnos, con gestos, todo lo que quizás no se pudo o no se tuvo tiempo...
   Fue hace casi quince años... exactamente, un 4 de noviembre, en el que entendí que la vida es tan solo un soplo, un delgado cristal que se rompe cuando uno menos lo espera y que, cuando eso pasa, ya no hay más tiempo de nada... sólo quedan recuerdos y frases sueltas que se acomodan al lado de un retrato que ya no tiene voz... en ese instante entendí lo importante de no guardarse nada adentro, de vivir con los sentimientos a flor de piel para que los demás sepan cuánto los respetas y quieres, sin que te falte tiempo para decirlo... Por eso quizás hoy, como nunca, entiendo uno de los poemas de mi padre que decía:
   Todo es efímero, pequeño, fugaz...
   La sonrisa o el llanto de un niño,
   El vuelo de un pájaro...
   El presente... ¿Quizás?

Todo es efímero, pequeño, fugaz...
El amor del hombre,
La noche y el día,
La vida... ¿Quizás?
Todo es efímero, pequeño, fugaz...
El tiempo que pasa,
El espacio infinito...
La muerte... ¿Quizás?

LEVÁNTATE Y ANDA

UNA DE LAS frases más poderosas que conoce la humanidad y que su simple enunciación ya determina una acción vigorosa, es la frase Bíblica "¡Levántate y anda!", pronunciada por Jesús a Lázaro.

Esta frase se ha aplicado en un sinnúmero de oportunidades y para diferentes casos, pero hoy creo que es el titulo perfecto para esta columna, ya que su sola mención nos da una pauta de acción positiva y de transferencia de lo inerte e inactivo a la vida y la acción. Es que en un mundo tremendamente conflictivo y con alta competencia para conseguir lo que uno se propone, los problemas parecen duplicarse o triplicarse y creemos que la cruz que cada uno llevamos en los hombros es más pesada que ninguna.

Siempre he creído que los problemas se multiplican cuando uno, en vez de enfocarse en sus virtudes, trata de denostar a quien tiene al lado, sin darse cuenta que el verdadero fracaso personal comienza cuando uno termina con el esfuerzo de superarse a si mismo... por eso la frase del titulo... si estas caído no te desanimes... ¡levántate y anda!

Cuenta una breve historia que un joven, cansado de sus problemas y viendo que era imposible solucionar sus dificultades por si mismo, rezó a Dios pidiendo que lo ayudara porque ya no podía seguir un solo paso más. "Mi cruz es demasiado pesada" dijo el joven.

Dios acudió en su ayuda y le dijo: "Hijo mío, si no puedes llevar el peso de tu cruz, guárdala dentro de esa habitación. Después, abre esa otra puerta y escoge la cruz que tú quieras". El joven suspiró aliviado. "Gracias, Señor" dijo e hizo lo que le había dicho.

Al abrir la segunda puerta y entrar en la nueva habitación vio muchas cruces, algunas tan grandes que no les podía ver la parte de arriba. Luego de andar un rato, vio una pequeña cruz apoyada en un extremo de la pared.

"Señor", susurró, "quisiera esa que está allá". A lo que Dios le contestó, "Hijo mío, esa es la cruz que acabas de dejar"...

La conclusión de esta pequeña historia ilustrativa es muy sencilla, cuando los problemas de la vida nos parecen abrumadores, siempre es útil mirar a nuestro alrededor y ver las cosas con las que se enfrentan los demás, verás que puedes considerarte más afortunado de lo que te imaginas... Y recuerda siempre que, cualquiera que sea tu cruz, cualquiera que sea tu dolor siempre puede ser superado si aplicas para ti mismo la frase más poderosa que se haya escuchado jamás... ¡Levántate y anda!

NO ES POSIBLE COMPLACER A TODO EL MUNDO

EL SER HUMANO que enfrenta a la vida resueltamente y toma acción está expuesto irremediablemente al comentario de los demás. Dice una frase que no se equivoca el que no hace nada y, precisamente aquellos que no hacen nada, son los que critican a los que buscan solución a sus problemas. Por eso es importante saber que, tomemos la decisión que tomemos frente a determinado suceso de la vida, siempre nos expondremos a la crítica de los demás. Debemos de estar convencidos de lo que queremos y seguir adelante, a pesar de las críticas que se cosechan por el camino.

Recordemos el cuento del hombre que decidió ir al mercado con su hijo de doce años. Se montaron los dos en su mula y emprendieron la marcha. Al rato, las personas que se encontraron en el camino, empezaron a murmurar y a decir: "¡Qué abusadores! No tienen la menor consideración con el pobre animal. Lo van a reventar de cansancio. ¡Cómo se les ocurre ir ambos montados en la mula!".

Al oír estas críticas, el padre decidió proseguir el viaje a pie y se bajó de la mula. Pronto, sin embargo, escucharon las nuevas críticas de los que topaban en su marcha: "Los jóvenes de hoy han perdido todo respeto y educación. ¡Habráse visto: ese muchacho en la flor de la vida montado en la mula y el pobre padre caminando!".

El muchacho se bajó de la mula y el padre se montó en ella para de este modo continuar el camino. Enseguida, una vez más, pudieron escuchar las murmuraciones: "¡Qué hombre tan desconsiderado!: Bien tranquilo en la mula y el pobre muchacho a pie. Mira que hay hombres desalmados... Consideran y tratan a sus propios hijos como esclavos".

Entonces el padre le dijo a su hijo: "Sólo nos falta que ambos carguemos a la mula y estoy seguro que también se burlarían de nosotros. Montemos los dos en ella, que es lo que pienso más conveniente y que los demás digan y piensen lo que quieran"...

Actualmente la mayoría de las personas, hacen lo que les dicen que hagan y se dejan llevar por las opiniones de otros, sin embargo debemos aprender a ser originales, a pensar con nuestra propia cabeza y a actuar en concordancia con nuestro espíritu, digan lo que digan y piensen lo que piensen los demás. Si aprendemos a conocernos y valorarnos, comenzaremos a construir una vida plena y auténtica derrotando así, definitivamente, a aquellos que, con sus críticas, pretenden minimizarnos y transformarnos en seres carentes de acción. De nosotros depende: o pasamos por la vida o la vida pasa por nosotros...

No sigas abriendo puertas

MUCHAS PERSONAS QUE no logran tener una vida plena o satisfecha por no alcanzar las metas que se han propuesto o la calidad de vida que creen que se merecen, canalizan sus frustraciones y desilusiones corriendo tras la primera oportunidad que se les presenta, sin darse cuenta que su necesidad de éxito tan solo los empuja hacia un nuevo fracaso... Así van entrando en un espiral pernicioso donde permanentemente se idealizan relaciones y situaciones que nunca logran conformar sus sentidos y tan solo los conduce irremediablemente hacia un nuevo fracaso.

Sin darse cuenta, esta loca carrera por alcanzar aquello que creen perfecto, sólo los lleva a coleccionar fracasos y a ahondar aun más la brecha que los separa de la felicidad plena y verdadera... Así, cuanto más fracasan, más lastre le agregan a su objetivo, distorsionando definitivamente el concepto de lo que quieren para su vida. De esta manera jamás encontrarán lo que buscan porque cada fracaso suma una nueva exigencia, redefiniendo permanentemente el paradigma de felicidad completa y mellando definitivamente su propia confianza para alcanzarla.

Solo aquellos que se cansan de esa búsqueda perpetua o se dan cuenta de su error y ponen nuevamente los pies en la tierra, pueden redefinir sus objetivos y ver que la felicidad es menos esquiva de lo que parece, si sabemos apreciar lo que tenemos en nuestro interior y en nuestro entorno...

Cuenta una breve historia que cierta vez una gaviota volaba inmersa en una hermosa bruma de otoño, cuando a lo lejos vio encenderse el arco iris. Asombrada por lo que creyó la entrada del cielo, se lanzó en su persecución. Pero cuanto mayores eran sus esfuerzos para alcanzarlo, tanto más escurridizo se tornaba el insólito fenómeno, hasta que por fin cayó al suelo exhausta.

En aquella circunstancia límite, oyó una misteriosa voz que le dijo: "De la misma manera que el arco iris es una condición del que observa y no una realidad, también lo es así vuestro mundo con los colores y las formas. Todo depende de las condiciones del observador y de ella surge lo que llaman realidad". Fue en ese preciso instante en que la gaviota supo que había alcanzado, por fin, el arco iris...

Si te sientes insatisfecho con tu vida y crees que tras cada puerta que se abre está la oportunidad perfecta de alcanzar la felicidad plena o si cada día se suma a tu collar una piedra de fracaso en vez de una perla de triunfo viendo más lejos y difuso el ideal que te habías propuesto, es hora de que dejes de volar tras lo imposible y vuelvas a la tierra para redefinir tus objetivos y reencontrarte con quien en realidad eres... Quizás la meta original de lo que querías para tu vida aun esté en ti y hayas sido precisamente tú mismo el principal obstáculo para conseguirla...

EL MUNDO SE HA ENCOGIDO TANTO... COMO EL ESPÍRITU

EN LOS ÚLTIMOS cuarenta años el mundo definitivamente se ha hecho mucho más pequeño debido a que los medios de transporte y comunicación se han modernizado tanto, que ya nada es lejano ni imposible de alcanzar. Lástima que el espíritu de los seres humanos no haya avanzado tanto como para aceptar que ya nada es igual que antes y que un nuevo orden social ha llegado para quedarse...

El mundo tecnológico y científico dio el salto cuantitativo y cualitativo para mejorar la interacción entre los seres humanos pero, tristemente, el espíritu del hombre no estaba preparado para aceptarlo y, lejos de unir a la humanidad, ese avance la ha desmembrado. Hoy es posible estar en cualquier punto del planeta rápidamente, los satélites, los teléfonos y el internet son herramientas que ponen el mundo a disposición de los hombres y las radios, televisión y periódicos informan de lo que acontece en todo el orbe pero, increíblemente, el genero humano ve esto como una amenaza y se aferra más que nunca a los regionalismos y a la xenofobia radical. Así estamos y así vamos... como dice el dicho: "juntos pero no revueltos"...

Lo que está pasando con la sociedad actual me hace recordar el cuento de la rana que vivía en un pozo pequeño, donde había nacido y habría de morir. Pasó cerca de allí otra rana que había vivido siempre en el mar. Tropezó y se cayó en el pozo. "¿De dónde vienes?", preguntó la rana del pozo. "Del mar", respondió la que había caído...

"¿Es grande el mar?, volvió a preguntar la rana del pozo. "Extraordinariamente grande, inmenso"... contestó la recién llegada.

La rana del pozo se quedó unos momentos muy pensativa y luego preguntó: "¿Es el mar tan grande como mi pozo?"... "¿Cómo puedes comparar tu pozo con el mar? Te digo que el mar es excepcionalmente grande, descomunal", dijo la otra. Pero la rana del pozo, fuera de sí por la ira, aseveró: "Mentira, no puede haber nada más grande que mi pozo... ¡nada! ¡Eres una mentirosa y ahora mismo te echaré de aquí!"...

Parece mentira que, en un mundo que ha multiplicado las posibilidades de comunicación y que ha barrido las fronteras de las distancias, las personas vivan cada vez más solas, más incomunicadas y más radicales... es que el mundo se ha encogido y achicado tanto... como el espíritu de los seres humanos...

Al deseo agrégale acción

Si crees que para conquistar la montaña más alta basta sólo con pararte en su inicio y allí quedarte hasta que la buena providencia te lleve a la cima... estas soñando despierto, porque si al deseo no le agregas acción, sacrificio, lucha y una buena dosis de paciencia, jamás conseguirás coronar la cima del éxito...

Las personas que han perseguido, alcanzado y convertido en realidad sus más altos anhelos, saben que la acción es el nexo con la gloria y que hay que perseverar con ahínco y temple para sortear los escollos que te separan de tu ideal... Y si crees que el esfuerzo cesa cuando finalmente coronas la montaña de tus sueños, también estas en un error... porque bien dice el viejo refrán que el impulso y el deseo de alcanzar un logro tal vez te haga fácil el camino hacia tu meta... pero una vez allí lo difícil es mantenerse... por lo que seguramente tendrás que seguir caminando con más fervor para sostener lo que has construido...

Cuenta una historia que cierta vez un joven soñó que entraba en un comercio recién inaugurado, se paró delante del mostrador y le preguntó al vendedor "¿Que vendes aquí?"... Para su sorpresa el hombre le dijo: "Todo lo que tu corazón desee".

El joven emocionado, sin atreverse siquiera a creer lo que estaba oyendo, se decidió a pedir lo mejor que un ser humano podría desear: "Quiero tener amor, felicidad, sabiduría, paz de espíritu y ausencia de todo temor", dijo feliz.

Sin esperar y viendo que estaba ante la oportunidad de su vida, el joven siguió pidiendo: "Deseo también que en el mundo se acaben las guerras, el hambre, las injusticias sociales y que todos vivamos juntos sin ofensas, ayudándonos los unos a los otros"...

Cuando el joven terminó de hablar, el vendedor lo miró a los ojos y le dijo: "Amigo, creo que al llegar no te fijaste en el rubro de nuestro comercio... Aquí no vendemos frutos, solamente vendemos semillas, el resto depende de ti"...

Si quieres hacer realidad tus sueños nunca dejes de luchar por ellos y si ya llegaste a tu meta no te olvides de seguir trabajando duro, para que los puntales que sustentan tu plataforma sean lo suficientemente sólidos, que permitan soportar cualquier tormenta inesperada... Como dijo Williams James, si quieres tener éxito "mantén viva en ti la facultad del esfuerzo, sometiéndola cada día a un pequeño ejercicio gratuito"...

No pongas excusas

LOS MUROS MÁS altos, aquellos que se yerguen imponentes para impedirnos ver claramente el horizonte de nuestro futuro, son los que nacen, crecen y se fortalecen dentro de nosotros mismos... Esas excusas con las que justificamos diariamente el porqué no hacemos las cosas o nos rendimos ante algo, son justamente los muros más altos que nos impiden alcanzar nuestros logros y superarnos hasta llegar a la cúspide de la montaña del éxito...

Quien acostumbra a justificar todas sus acciones con un sinfín de excusas, pretextos y/o evasivas podrá acallar su conciencia, pero jamás saldrá de un presente gris y un futuro carente de oportunidades...

Cuenta una historia verdadera que hace muchos años atrás el Virrey de Nápoles hizo una visita a Barcelona, España. En el puerto había un barco de remos, una galera, con prisioneros condenados a remar, castigo usual para la época. El Virrey se acercó a los prisioneros y les preguntó que había pasado, que los había llevado a estar ahora en esta situación. Así escuchó de primera voz terribles historias.

El primer hombre dijo que estaba allí porque un juez aceptó un soborno de sus enemigos y lo condenó injustamente. El segundo dijo que sus enemigos habían pagado a falsos testigos para que lo acusaran. El tercero dijo que había sido traicionado por su mejor amigo, quien escapó de la justicia dejándolo. Y así por el estilo.

Finalmente el Virrey dio con un hombre que le dijo: "mi Señor, yo estoy aquí porque lo merezco. Necesitaba dinero y le robé a una persona. Estoy aquí porque merezco estarlo".

El Virrey quedó absolutamente impresionado y volviendo sobre el capitán del navío de esclavos dijo: "aquí tenemos a todos estos hombres que son inocentes, están aquí por injustas causas y aquí este hombre malvado en medio de todos ellos. Que lo liberen inmediatamente, temo que pueda infectar a los demás".

De esta manera el hombre que se había confesado culpable fue liberado y perdonado, mientras aquellos que continuaban excusándose a sí mismos volvieron a los remos...

No pongas jamás excusas para justificarte ante los demás o ante ti mismo, atrévete a vivir la vida siendo consciente de tus virtudes y tus defectos... Hazte responsable de tus actos, cortando amarras rumbo a tu futuro... Recuerda siempre que de ti y sólo de ti depende que alcances el éxito...

¿POR QUÉ DEBO DE HACERLO YO?

MIRANDO LA LLUVIA golpear en el vidrio de la ventana de mi casa no pude evitar pensar como el ser humano ha dejado de percibir y apreciar las cosas más sencillas y elementales de la vida... Como ha dejado de ser importante el entorno natural en el que vivimos y como cada día nos volvemos más dependientes de todo lo artificial que nos rodea...

La naturaleza, esa impresionante y majestuosa obra de perfección que deberíamos de apreciar, admirar y proteger cotidianamente, ha pasado a ser un simple decorado al que nos hemos acostumbrado tanto, que ya nos molesta y hasta queremos cambiar, volviéndolo en ruinas... De ella sólo nos interesa lo que nos puede dar, lo que le podemos quitar, como si fuésemos tan solo una plaga o un poderoso virus que la invade y la destruye poco a poco...

Tenemos una visión tan corta, nos hemos vuelto tan miopes espirituales y mentales, que hemos dejado de ver y de cuidar la única fuente que nos retroalimenta y nos mantiene vivos, por correr tras la ocasional y banal fortuna que el dinero y el poder nos propone e impone...

Cuenta una historia que un día un científico que vivía preocupado con los problemas del mundo, estaba resuelto a encontrar los medios para aminorarlos. Pasaba sus días en su laboratorio en busca de respuesta para sus dudas.

Cierto día, su hijo de seis años invadió su santuario decidido a ayudarlo a trabajar. El científico, nervioso por la interrupción, le pidió al niño que fuese a jugar a otro lado. Viendo que era imposible sacarlo, el padre pensó en algo que pudiera entretenerlo. De repente se encontró con una revista, en donde había un mapa con el mundo... justo lo que precisaba.

Con unas tijeras, recortó el mapa en varios pedazos y junto con un rollo de cinta, se lo entregó a su hijo diciendo: "Como te gustan los rompecabezas, te voy a dar el mundo todo roto para que lo repares sin la ayuda de nadie".

Entonces calculó que al pequeño le llevaría diez días componer el mapa, pero no fue así. Pasadas algunas horas, escuchó la voz del niño que lo llamaba calmadamente: "Papá ya hice todo, conseguí terminarlo, arreglé el mundo...".

Al principio el padre no creyó en el niño. Pensó que sería imposible que, a su edad, hubiera conseguido componer un mapa que jamás había visto antes. Desconfiado, el científico levantó la vista de sus anotaciones, con la certeza de que vería el trabajo digno de un niño. Para su sorpresa, el mapa estaba completo. Todos los pedazos habían sido colocados en sus debidos lugares. ¿Cómo era posible? ¿Cómo el niño había sido capaz?

"Hijo, tu no sabías cómo era el mundo, ¿cómo lo lograste?" dijo el científico admirado al ver la obra, a lo que su pequeño hijo le respondió: "Papá, yo no sabía cómo era el mundo, pero cuando sacaste el mapa de la revista para recortarlo, vi que del otro lado estaba la figura del hombre. Así, que di vuelta a los recortes y comencé a recomponer al hombre, que sí sabía cómo era. Cuando conseguí arreglar al hombre, di vuelta la hoja y vi que también había arreglado al mundo"...

Detengámonos tan solo unos minutos en nuestro afán de perseguir riquezas materiales y gloria personal para reflexionar en lo que estamos haciendo por nuestras familias, por nuestra comunidad, por nuestro mundo, por el ser humano... Sé que la primera objeción será: si nadie se preocupa por los demás, ¿Por qué debo de hacerlo yo? Quizás la respuesta esté en la increíble frase del escritor Kurt Kauter: "Tal vez esté faltando la voz de una sola persona más para que la solidaridad se abra camino en el mundo" y esa persona puedes ser tu...

¿Todavía crees que eres insignificante para cambiar el mundo? Recuerda que al mundo se lo cambia arreglando al ser humano y que la sociedad actúa por mimetismo, por contagio o por imitación... Sabiendo esto sabrás que de ti también depende cambiar las cosas...

¡PIÉNSALO DOS VECES!

LA VIDA, EN más de una oportunidad, nos pone en el intríngulis de decidir si ayudamos a alguien que tiene un problema o somos indiferentes ante su preocupación. A veces parece que la dificultad es tan ajena a nosotros que nunca nos va a tocar y decidimos no intervenir pero, el llamado 'efecto dominó' de la vida, muchas veces nos puede poner en mayores aprietos de los que tendríamos si en realidad hubiésemos intervenido...

Para que resulte más entendible todo esto, les narro una historia sumamente gráfica de lo que puede suceder cuando el "efecto dominó" nos alcanza...

Un ratón, mirando por un agujero que había en la pared, vio a un granjero y su esposa abriendo un paquete, por lo que enseguida pensó qué tipo de comida podría haber allí.

Quedó aterrorizado cuando descubrió que lo que había en el paquete era una trampa para ratones, por lo que fue corriendo al patio de la granja a advertir a todos: "¡Hay una ratonera en la casa, una ratonera en la casa!"...

La gallina, que estaba cacareando y escarbando, levantó la cabeza y le dijo: "Discúlpeme Sr. Ratón, yo entiendo que es un gran problema para usted, pero a mí no me perjudica en nada, ni me incomoda".

El ratón no se dio por vencido y le dijo al cordero: "¡Hay una ratonera en la casa, una ratonera!"

"Discúlpeme Sr. Ratón", respondió el cordero, "pero no hay nada que yo pueda hacer, solamente pedir por usted. Quédese tranquilo que será recordado en mis oraciones".

El ratón se dirigió entonces a la vaca y la vaca le repitió lo mismo: "¿Acaso estoy en peligro? Pienso que no", dijo la vaca. Entonces el ratón volvió a la casa, preocupado y abatido, para encarar a la ratonera del granjero.

Aquella noche se oyó un gran barullo en la cocina, como el de una ratonera apresando a su víctima. La mujer del granjero corrió para ver lo que había atrapado pero, en la oscuridad, ella no vio que la ratonera había apresado la cola de una serpiente venenosa por lo que, al acercarse, la víbora la mordió.

El granjero la llevó inmediatamente al hospital y ella, después de unas horas, volvió a la casa con fiebre. Todo el mundo sabe que para alimentar a alguien con fiebre, nada mejor que una sopa, así que el granjero agarró su cuchillo y fue a buscar el ingrediente principal: la gallina.

Como la enfermedad de la mujer continuaba, los amigos y vecinos fueron a visitarla y el granjero, para agasajarlos y agradecerles la atención, mató el cordero y ofreció una cena. La mujer no mejoró y acabó muriendo, por lo que el granjero vendió la vaca al matadero para cubrir los gastos del funeral...

Esta historia nos enseña que nadie puede estar lo demasiado lejos de un problema para que el mismo no nos llegue a afectar. La próxima vez que escuches que alguien tiene un problema y creas que, como no es tuyo, no debes prestarle atención... ¡piénsalo dos veces! y recuerda el viejo dicho: cuando veas las barbas de tu vecino arder... pon las tuyas en remojo...

PALABRAS, PALABRAS, PALABRAS...

LA PALABRA HA sido, desde el principio de los tiempos, una herramienta básica de comunicación que ha servido extraordinariamente al ser humano para el relacionamiento con sus congéneres. Mediante este don, el hombre ha podido expresar sus sentimientos, pensamientos y conocimientos a los demás, estableciendo una compleja red social que basa y fundamenta su buen funcionamiento, justamente, en dicha herramienta...

Hasta no hace mucho tiempo (tres o cuatro generaciones atrás) la palabra tenía valor superlativo, porque era el sello de honor que imprimían los seres humanos a sus transacciones y relaciones. Tal es así que hasta había un dicho común que reflejaba este hecho: "Te doy mi palabra" se decía para refrendar una situación o "mi palabra está escrita en piedra", para decir que lo que se había dicho era inmodificable... Lamentablemente, el ser humano en las últimas décadas ha hecho un curso acelerado y compulsivo de hipocresía, recibiéndose con honores destacados en este rubro y la palabra ha caído al piso siendo pisoteada y denigrada de forma compulsiva. Es más, el hombre se ha acostumbrado a usar esta herramienta sin sustento ni apoyo, sólo poniendo frases bonitas en su boca para alagar sin sentir o para prometer cosas que jamás cumplirá... Si tendrá poco valor hoy la palabra de una persona, que cualquier transacción comercial debe de ser avalada por contratos extensos en los que los compromisos y las sanciones superan largamente hasta las ganas de leerlos...

Ni que hablar en el diario vivir, donde la palabra ha perdido tanto valor que cada ser humano debería de andar con una báscula y ante cada relación (sea laboral, social, amistosa o amorosa) debería de sopesar cada término dicho, oponiendo como contrapeso los hechos o las acciones de su semejante, para saber si realmente lo que dice lo corrobora con sus actos...

Es que al hombre se le hace muy fácil cubrir con palabras su falta de actitud o compromiso, ya que es mucho más sencillo predicar con lenguaje locuaz y convincente que refrendar con la acción. Por eso, si uno confronta palabras contra hechos, seguramente se sorprenderá del endeble sustento en el que descansan muchas relaciones, que están repletas de edulcoradas intenciones pero carecen del poder absoluto de una acción acorde al verbo... Pero quizás, lo peor y más triste de todo, es que hay muchas personas que se conforman y aceptan como válido ese palabrerío bonito y lisonjero, que adormece su espíritu, exalta su ego y obnubila una realidad carente de hechos, porque les da miedo aceptar la cruda verdad de la falta de correspondencia...

Por eso, como dijo alguna vez San Antonio de Padua, "cesen las palabras, por favor y sean las obras quienes hablen"... dado que es imperioso para nuestra sociedad reivindicar el verdadero valor de la palabra ya que es una poderosa herramienta, que si se corresponde con la acción, puede llegar a cambiar el mundo.

LA FE, EL ÚLTIMO BASTIÓN

EL SER HUMANO se ha estancado en un punto indefinido entre las teorías de la creación y la evolución, encontrando allí un terreno cómodo que le permite exacerbar su mayor cualidad: el egoísmo. Parece mentira, pero realmente es así y no decirlo significa dar crédito a lo que el hombre hace día a día.

En seis mil años de aparente crecimiento moral, psicológico y científico, debemos darnos cuenta que hemos avanzado tan poco como nada y que, si nos referimos específicamente al área espiritual, el hombre en vez de evolucionar, en realidad ha involucionado.

Es cierto que los avances científicos han brindado una vida más cómoda, pero la decadencia moral a la que nos enfrentamos diariamente, enfría el ánimo y congela el alma.

Afrontamos quizás, la crisis más dura de la historia de la humanidad en cuanto a los valores morales, espirituales y religiosos. Hoy todo se mide por el dinero o por la satisfacción personal, alejándonos sistemáticamente del verdadero propósito que debería tener la humanidad.

El hombre en la actualidad se ha puesto a si mismo como el centro del universo y cree que todo lo que ocurre en el cosmos debe de pasar por sus manos. Es que, a través de los siglos, el ser humano ha ido despejando incógnitas, develando misterios y sojuzgando a otros hombres y al resto de los animales de la escala zoológica, con una impunidad tan grande que lo ha hecho perder la más elemental de las condiciones: el respeto a sus semejantes.

Es más, los avances científicos le han hecho creer que no depende de nadie más que de si mismo y, conforme pasa el tiempo, se aleja de los verdaderos significados de la vida, avasallando todos los conceptos morales, espirituales y religiosos que puedan estorbarle en su camino a la gloria.

El ser humano ha derrumbado casi todas las barreras que se le han interpuesto en su desesperado camino de igualarse con Dios y sólo le falta un pequeño paso para consumar su perfecta obra de autodestrucción: abatir la fe.

El día que los hombres logren desterrar definitivamente del corazón la idea de respetar, temer y amar a un ser superior, habrán derribado la última de las fronteras rumbo a su ocaso definitivo, por lo que la fe es, desde ahora, el último bastión...

Reflexionemos

¿Está angustiado o se siente mal porque su situación económica no le permite comprarse un carro del año, un electrodoméstico o ropa nueva? ¿Se siente mal porque no puede ir de vacaciones o divertirse como antes? Le pido que preste especial atención a un comunicado de la Organización de Naciones Unidas para la Alimentación y la Agricultura (FAO) emitido hace algún tiempo, quizás le haga ver que tiene agradecer lo que tiene y no apenarse por lo que le falta...

El comunicado dice que hay 925 millones de personas hambrientas en el mundo... Novecientos veinticinco millones de personas que no tienen para comer... creo que aquí mismo debería parar esta nota y tan solo invitarlo a reflexionar... pero creo que es bueno agregar en esta columna algunos datos por demás elocuentes y que pueden llegar a dejarnos sin aliento: UNICEF dice que 146 millones de niños en el mundo padecen hambre y que 11 niños por minuto mueren por esta causa a través de todo el orbe, esto representa nada más ni nada menos que el 27% de la población mundial infantil. Aquellos niños que aún pueden subsistir a la desnutrición y salvarse de morir tendrán secuelas para el resto de sus vidas.

Quizás piense que esos números no lo afectan porque ni a Usted, ni a su familia, ni a nadie que conoce le falta qué comer... pero piense, reflexione... de lo que hablamos es de personas que no tienen con que alimentarse... y que muchos de ellos son niños... Si no despertamos la conciencia en los seres humanos de que todos somos importantes, si no entendemos que toda vida es valiosa, si nos despreocupamos porque, total, nosotros no podemos hacer nada... estamos dando un gran salto al vacío como seres pensantes y racionales y también como humanidad...

Vale la pena recordar ahora un estudio comparativo de la sociedad mundial que ha sido muy difundido a través de Internet. El informe dice así: "Si pudiésemos reducir la población de la Tierra a una pequeña aldea de exactamente 100 habitantes, manteniendo las proporciones existentes en la actualidad, sería algo como esto: Habría 57 asiáticos, 21 europeos, 14 personas de América (tanto norte como sur) y 8 africanos. 52 serían mujeres, 48 hombres, 70 no serían blancos y 30 si. Habría 70 no cristianos y 30 cristianos. 6 personas poseerían el 59% de la riqueza de toda la aldea y, de las 100 personas, *80 vivirían en condiciones infrahumanas...*

¿Quiere más datos? 70 no sabrían leer, 50 sufrirían de mal nutrición, 1 persona estaría por morir y 1 por nacer. Solo 1 tendría educación universitaria y habría 1 sola persona con computadora... Al analizar el mundo desde esta perspectiva tan comprimida es cuando se hace más evidente la necesidad de aceptación, entendimiento, tolerancia y educación.

Otras cuestiones para reflexionar del informe... Si nunca ha experimentado hambre, entonces esta por delante de 500 millones de personas, si tiene comida en el refrigerador, ropa en el armario, un techo sobre su cabeza y un lugar donde dormir, es más rico que el 75% de la población mundial y si guarda dinero en el banco o en su cartera... ya está entre el 8% más rico del mundo".

Decía la Madre Teresa que "los bienes del mundo, los regalos del cuerpo y de la mente, las ventajas del nacimiento, la educación, el hogar y la crianza, las capacidades y habilidades, los talentos y los logros, provienen de Dios. Nadie tiene el derecho de poseer riquezas superfluas y acumular bienes materiales mientras otros mueren de inanición y sufren toda clase de carencias. Nosotros tratamos de equilibrar esta situación mediante el esfuerzo voluntario de la humildad, la entrega y el sacrificio de formas de vida lujosa y ostentosa. A veces sentimos que lo que hacemos es tan solo una gota en el mar, pero el mar sería menos si le faltara una gota"... Reflexionemos por favor, aun podemos cambiar al mundo...

COMO LA VIDA MISMA

UN PINTOR POST modernista definió a la vida según su profesión y dijo que la existencia del hombre se nutre de diferentes matices y pinceladas y vaya si es verdad... es que la vida es eso, pinceladas de tristezas y alegrías, matizadas de diferentes colores y expresiones, que reflejan el cuadro de la existencia humana lleno de intensos sentimientos, que se entremezclan y forman en su conjunto, la maraña de sensaciones que nos propone la intensa y fascinante vida del hombre...

Así es el diario vivir del ser humano en general y de la comunidad latina del país en particular... no todo es malo... pero tampoco es todo bueno, no todos son tristezas, pero tampoco son todas alegrías y quien pretenda ver sólo lo positivo o lo negativo está viendo, en realidad, la mitad de la historia... así es la vida y debemos de vivirla, con todo lo que nos propone y con todo lo que nos da, sea positivo o negativo... Es esa ambivalencia, justamente, que hace de la existencia un verdadero juego fascinante, del que todos participamos y nadie se puede sustraer a él.

Dentro de esa policromía de matices y sentimientos algunos tienen suerte y pueden llevar mejor su cruz, pero otros tienen que lidiar con costales muy grandes en sus espaldas y la vida se vuelve un eterno duelo, del que parece que nunca se va a encontrar una solución.

Basta con pensar en aquellos inmigrantes que han dejado familias y pertenencias lejos, aventurándose a un destino incierto, con el único propósito de compensar, con mejoras económicas, el gran vacío que generará su desarraigo...

Uno deja inexorablemente de ser de allá, pero nunca es de aquí, uno envía remesas económicas y hace que sus personas queridas estén mejor financieramente, pero siente que cada día pierde algo que nunca lo va a recuperar...

Se conforma con el amor a distancia, vía telefónica, por carta o correo electrónicos, que cada vez tienen menos frecuencia y nada que contar, porque las distancias y las realidades son diferentes... La economía cada día anda mejor, cada vez son más las comodidades, las regalías y las bonanzas, sin embargo uno no puede olvidar a su gente, su pueblo y su tierra... uno quisiera estar allá, pero vivir como aquí... uno quisiera estar aquí pero tener lo de allá... es que la vida es eso, como dijimos al inicio, pinceladas de tristezas y alegrías, matizadas de diferentes colores y expresiones, que reflejan el cuadro de la existencia humana lleno de intensos sentimientos, que se entremezclan y forman en su conjunto, la maraña de sensaciones que nos propone la intensa y fascinante vida del hombre...

OJALÁ TODO EL AÑO FUERA DICIEMBRE

EL TIEMPO SIGUE andando impertérrito, imperturbable e inconmovible ante los pedidos de la mayoría de los seres humanos para que se detenga, aunque tan solo sea un poco... La caída de las hojas del calendario, sin embargo, son implacables y se muestran indiferentes a los deseos humanos de alcanzar aunque sea una mísera tregua, quizás sea por eso que la mayoría del año las personas se muestren casi siempre con el ceño fruncido y la mirada hosca... Y dije casi siempre porque en diciembre todo cambia y se vuelve diferente, la amabilidad aflora y los sentimientos parecen ganarle la batalla a la indiferencia...

Diciembre, un mes en el que ojalá estuviéramos estacionados todo el año, porque es la época en la que el hombre toma algo de conciencia de lo que es su espiritualidad y presta más atención a aquellos que están en su entorno e, incluso, a personas y afectos que casi tenía olvidados en su afán de querer alcanzar siempre un poquito más para autoabastecer su poderoso ego...

Diciembre es un mes casi mágico en el que, vaya a saber uno porque, todo se suaviza y se vuelve más benévolo, considerado e indulgente, casi perfecto. A veces pienso que sucedería si la humanidad se comportara así todo el año... que ingenuo ¿No?

Lamentablemente, una vez que atravesamos la intangible frontera de las 12 de la noche del 31 de diciembre, al igual que Cenicienta partiendo rauda de la fiesta en la que conoce al príncipe, dejamos olvidado en el apuro por volver a "la realidad" nuestro delicado y frágil traje espiritual que no volveremos a colocarnos hasta dentro de once meses... ¿Por qué? Eso es un misterio aún sin resolver.

Con enero retornamos a la "normalidad", los gestos vuelven a ser adustos, la mirada dura y al espíritu lo colocamos rápidamente en el congelador, junto a la cordialidad y la amabilidad, para que los tengamos frescos y lozanos en el próximo diciembre...

Por eso quiero pedirles en este momento especial, antes de que la espesa niebla de las necesidades personales y la cotidianidad borren el mágico momento, que leamos con atención la siguiente historia y tratemos de recordarla diariamente para hacer de este mundo un lugar mucho mejor para todos...

La historia cuenta que cuatro velas se consumían lentamente luego de la gran fiesta de fin de año. El ambiente estaba tan silencioso que se podía oír el diálogo que mantenían entre ellas... La primera dijo: "¡YO SOY LA PAZ! Pero las personas no consiguen mantener mi luz, creo que me apagaré". Y poco a poco, su fuego se consumió.

La segunda dijo entonces: "¡YO ME LLAMO FE! Pero las personas no quieren saber nada de mí. Soy muy débil y no tiene sentido seguir dando luz... así que cuando terminó de hablar, una brisa pasó suavemente sobre ella y se apagó.

Con mucha tristeza la tercera vela manifestó: "¡YO SOY EL AMOR! Pero no tengo fuerzas para seguir encendida ya que todos me dejan de lado, se olvidan hasta de sus seres queridos... y sin esperar más, se apagó.

De repente entró un niño a la habitación y vio las tres velas apagadas. "¿Qué es esto?", preguntó con desilusión... "Ustedes debían estar encendidas hasta el final" dijo... así que, lleno de tristeza, comenzó a llorar... Fue allí cuando la cuarta vela habló: "No tengas miedo" dijo, "mientras yo tenga fuego podremos encender a las demás, pues ¡YO SOY LA ESPERANZA!"... Con los ojos brillantes el niño tomó la vela encendida y volvió a darles luz a las demás y así se iluminó nuevamente todo el cuarto...

Ojalá que, como en este cuento, la luz de "la esperanza" de un mundo mejor jamás se apague dentro de tu corazón, porque como lo dijo el escritor, ensayista e historiador inglés Thomas Carlyle: "si se siembra la semilla con fe y se cuida con perseverancia, sólo será cuestión de tiempo recoger sus frutos"...

Déjenme soñar, aunque sea tan solo por un instante, que este año todos los meses serán diciembre...

SI NO NOS VEMOS... NOS PONEMOS LENTES

LA HUMANIDAD, CONFORME avanza en su excéntrica carrera modernista, sufre de un mal progresivo que puede llegar a ser autodestructivo: la miopía... Miopía externa e interna y, aun que esta enfermedad no aparezca en la lista de padecimientos graves que registra la Organización Mundial de la Salud, su ignorancia puede llevarnos a la extinción.

¿Sabe cómo es que ha avanzado tanto cuantitativa como cualitativamente la humanidad? Observando, ese es el principio básico de toda investigación científica, pero parece que lentamente hemos ido perdiendo esa sana costumbre, olvidándonos de lo que nos rodea e, incluso, de nuestro mundo interior. El hombre ha dejado de ver más allá de su nariz y, lo que es peor aún, siente que no tiene necesidad de hacerlo... Ha perdido el don de la curiosidad o como mínimo lo ha malinterpretado, utilizándolo para cosas frívolas y banales, lo que nos lleva a un doble problema: ceguera externa e interna.

En el inicio de nuestra historia el ser humano observaba con atención todo lo que lo rodeaba y el espacio infinito, tratando de escrutar lo que ocurría en su entorno, para adaptarse mejor a su medio ambiente y mejorar su confortabilidad. Conforme más observaba, más ampliaba su coeficiente intelectual y espiritual, haciendo marchar a la humanidad con paso redoblado hacia el futuro. Sin embargo, a medida que el hombre comprendió su posición en la escala zoológica y su perspectiva universal, amparado en la luz de la modernidad comenzó a opacar con su reflejo todo aquello que lo había hecho avanzar, sufriendo un severo proceso de miopía. Aun parece que hoy, cuanta más luz arroja sobre la ignorancia, menos ve y menos entiende...

Tan progresiva ha sido nuestra miopía, que nos hemos tenido que ir acostumbrado a utilizar lentes para ver cosas que antes sólo bastaba con levantar la cabeza más allá de nuestro ególatra horizonte. Es curioso pero, cuanto más creemos saber, conocer y ver, mayor aumento debemos agregar a nuestros lentes para no perder contacto con nuestro entorno y nuestra realidad... Es tanta la ceguera que el fulgor del modernismo le ha traspasado a la humanidad, que el mal ha ido generalizándose de una manera peligrosa y hoy no sólo abarca a nuestro mundo exterior sino también el interior, allí donde habita el alma y la espiritualidad. En ese entorno, lamentablemente, también cada día necesitamos lentes de mayor aumento para encontrar aquellos valores que nos permitan vivir de acuerdo a nuestra condición de sociedad gregaria e inteligente...

¿Suena apocalíptico? Quizás... pero si el hombre insiste y prosigue con su intención de no mirar más allá de su egocéntrica nariz, el mal tiende a convertirse en peligrosa pandemia de incierto final.

SABOR A NADA

DICEN QUE DE nada vale la prédica si el auditorio no quiere oír... y muchas veces imagino que Dios debe de estar hastiado de ver como parte de su creación se desbarranca en un precipicio sin fin por no saber conducirse...

Si Usted no cree en Dios, permítame decirle el mismo concepto pero de otra manera: si es verdad que el ser humano es un derivado "evolutivo" de otras especies más simples, explíqueme por favor porque ha evolucionado tanto su cuerpo, pero su cerebro y su conciencia aun permanecen en una fase primitiva...

Basta conocer, andar, ver y compartir un rato con la especie humana para descubrir que estamos tan lejos del ideal de ser una especie racional y pensante, como lo está la tierra de la estrella más lejana del firmamento... Podremos decir orgullosamente que el ser humano es el primero de los animales en la escala zoológica, pero será únicamente orgullo lo que nos anime a decir eso, porque la realidad marca cosas muy diferentes... Tenemos intelecto, pero no lo usamos, tenemos raciocinio, pero rara vez lo aplicamos, tenemos conciencia de nuestra existencia pero preferimos seguir adelante sólo a base de impulsos naturales y no a lo que nos exige nuestro cerebro inteligente...

La raza humana se ha ido convirtiendo, con el paso del tiempo, en un conglomerado de seres que tiene como única meta, objetivo o fin, vivir en sociedad para poder ostentar ante sus congéneres lo que tiene, posee o a adquirido momentáneamente... algunos incluso ni siquiera poseen y, entonces, más se esfuerzan por hacer creer a los demás que realmente si tienen algo que mostrar... De esta manera, cada día más, el ser humano se asimila al murciélago...

Cuenta una ilustrativa leyenda de Oaxaca que el murciélago una vez fue el ave más bella de la Creación. Al principio era tal y como lo conocemos hoy y se llamaba biguidibela (biguidi = mariposa y bela = carne), el nombre venía a significar algo así como mariposa desnuda.

Un día frío subió al cielo y le pidió plumas al creador, como había visto en otros animales que volaban. Pero el creador no tenía plumas, así que le recomendó bajar de nuevo a la tierra y pedir una pluma a cada ave. Y así lo hizo el murciélago, eso sí, recurriendo solamente a las aves con plumas más vistosas y de más colores. Cuando acabó su recorrido, el murciélago se había hecho con un gran número de plumas que envolvían su cuerpo.

Consciente de su nueva belleza, volaba y volaba mostrándola orgulloso a todos los pájaros, que paraban su vuelo para admirarle. Agitaba sus alas ahora emplumadas, aleteando feliz y con cierto aire de prepotencia.

Una vez, como eco de su vuelo, creó el arco iris. Era todo belleza. Pero era tanto su orgullo que la soberbia lo transformó en un ser cada vez más ofensivo para con las demás aves.

Con su continuo pavoneo, hacía sentirse chiquitos a cuantos estaban a su lado, sin importar las cualidades que ellos tuvieran. Hasta al colibrí le reprochaba no llegar a ser dueño de una décima parte de su belleza.

Cuando el Creador vio que el murciélago no se contentaba con disfrutar de sus nuevas plumas, sino que las usaba para humillar a los demás, le pidió que subiera al cielo, donde también se pavoneó y aleteó feliz. Aleteó y aleteó mientras sus plumas se desprendían una a una, descubriéndose de nuevo desnudo como al principio.

Durante todo el día llovieron plumas del cielo y desde entonces el murciélago ha permanecido desnudo, retirándose a vivir en cuevas y olvidando su sentido de la vista para no tener que recordar todos los colores que una vez tuvo y perdió.

Así es el ser humano, sale a la sociedad y tratando de captar la atención de los demás, expone coloridas plumas sin importar a quien lastima, humilla o daña, pero cuando vuelve a sus aposentos y se mira en soledad al espejo ve que tristemente eso es simple y exclusivamente pura fachada, porque lo que no se gesta en el corazón y alimenta el espíritu, siempre tendrá sabor a nada...

ANIMAL DE COSTUMBRE

SE DICE QUE el hombre es un animal de costumbres y, si es cierto tal axioma, podríamos hacer cotidianamente una serie de actos que podrían estar conspirando contra nuestro propio desarrollo espiritual, social y/o económico e impidiéndonos, en definitiva, crecer como seres humanos... El tema es que, como el hábito es cualquier comportamiento repetido regularmente que requiere de un pequeño o de ningún raciocinio y es aprendido más que innato, se pueden desperdiciar importantes procesos mentales que bien podrían aprovecharse en tareas más exigentes e, incluso, hay algunos que fomentan inflexibilidad conductual o que terminan siendo muy perjudiciales para el crecimiento personal. El aprender a reconocer esas conductas y el cambiar los malos hábitos es el punto de partida que va a permitirnos crecer y superarnos.

Hay una historia que nos enseña mucho respecto a aquello que escogemos sin pensar y cuenta que un día, un becerro tuvo que atravesar un bosque virgen para volver a su tierra. Siendo un animal irracional, abrió un sendero tortuoso, lleno de curvas, subiendo y bajando colinas.

Al día siguiente, un perro que pasaba por allí usó ese mismo sendero para atravesar el bosque. Después fue el turno de un carnero, líder de un rebaño que, viendo el espacio ya abierto, hizo a sus compañeros seguir por allí.

Más tarde, los hombres comenzaron a usar ese sendero: entraban y salían, giraban a la derecha, a la izquierda, descendían, se desviaban de los obstáculos, quejándose y maldiciendo con toda razón, pero no hacían nada para crear una nueva alternativa.

Después de tanto uso, el sendero acabó convertido en un amplio camino donde los pobres animales se cansaban bajo pesadas cargas, obligados a recorrer en tres horas una distancia que podría haber sido vencida en treinta minutos, si no hubieran seguido la vía abierta por el becerro.

Pasaron muchos años y el camino se convirtió en la calle principal de un poblado y, posteriormente, en la avenida principal de una ciudad. Todos se quejaban del tránsito, porque el trayecto era el peor imaginable. Mientras tanto, el viejo y sabio bosque se reía, al ver que los hombres tienen la tendencia a seguir como ciegos el camino que ya está abierto, sin preguntarse nunca si aquella es la mejor elección.

Si dejas que la pereza y la apatía rodeen tu vida la inercia que ello implica tan solo te llevará por caminos ya abiertos y recorridos, si de verdad quieres sobresalir y destacarte dale vuelo a tu imaginación y sal del camino abriendo, desde hoy, tu propio sendero...

EL PODER DE LA PALABRA

EL PODER DE la palabra es increíble, basta un sólo vocablo para ensalzar o humillar a una persona o una sola expresión para levantar o demoler el ánimo de quien está a nuestro frente... La palabra es un don mágico que le fue otorgado al hombre para que, a través de ella, pueda expresar lo que quiere o necesita y comunicar todos sus sentimientos e instintos. Sin embargo la palabra mal usada se transforma en una poderosa arma capaz de destruir todo lo que se ponga enfrente.

Sin duda que uno de los grandes desafíos de la humanidad es aprender a comunicarse. De la comunicación y la palabra depende, muchas veces, la felicidad o la desgracia, la paz o la guerra. Que la verdad debe ser dicha en cualquier situación, de esto no tenemos la menor duda, pero la forma con que debe ser comunicada es lo que provoca, en algunos casos, grandes problemas.

Cuenta una historia que un grupo de ranas viajaba por el bosque y, de repente, dos de ellas cayeron en un hoyo profundo. Todas las demás ranas se reunieron alrededor del hoyo y, cuando vieron cuan profundo era, le dijeron a las dos ranas en el fondo que se debían dar por muertas. Las dos ranas no hicieron caso a los comentarios de sus amigas y siguieron tratando de saltar fuera con todas sus fuerzas. Las otras seguían insistiendo que sus esfuerzos serían inútiles... Finalmente, una de las ranas puso atención a lo que las demás decían y se rindió. Ella se desplomó y murió, sin embargo la otra rana continuó saltando tan fuerte como le era posible.

Una vez más, la multitud de ranas desde arriba le gritaban y le hacían señas para que dejara de sufrir y que simplemente se dispusiera a morir, ya que no tenía caso seguir luchando. Pero la rana saltó cada vez con más fuerzas hasta que, finalmente, dio un gran brinco y logró salir del hoyo.

Una vez fuera de peligro las otras ranas le dijeron: "nos da gusto que hayas logrado salir a pesar de lo que te gritábamos" y la rana, sin entender aun, les explicó que ella era sorda y que pensó que las demás la estaban animando a esforzarse más y a salir del hoyo...

Queda demostrado que la palabra puede ser una bendición y un bálsamo en algunos casos o un despiadado látigo que mutila y destruye en otros, así que tengamos cuidado con lo que hablamos.

Como dijo el genial Oscar Wilde: "día fatal aquél en que el hombre descubrió que la palabra es más poderosa que el adoquín y que puede ser un arma más ofensiva".

SI PUEDO, PERO

HAY UNA CUALIDAD que diferencia cada vez más a los seres humanos: la actitud para encarar la vida. Mientras hay algunos que luchan sin desmayo para no dejarse vencer por la inercia y la mediocridad, buscando siempre la formula ideal para llevar sus vidas adelante, otros se dedican a quejarse de su mala suerte o de su destino aciago, escudándose eternamente en excusas fútiles y en un par de palabras que los va a mantener siempre en el mismo lugar, durante toda su vida: "Si puedo, pero...". Esa frase va a resonar permanentemente en la garganta de aquellos a los que les gustaría hacer cosas... pero que siempre tienen una excusa para no lograrlo.

Estas personas pueden ser comparadas con la parábola del águila y la gallina... Cuenta esta historia que un guerrero indio se encontró un huevo de águila el cual recogió del suelo y colocó más tarde en el nido de una gallina. El resultado fue que el aguilucho se crió junto a los polluelos. Así, creyéndose ella misma gallina, el águila se pasó la vida actuando como éstas. Rascaba la tierra en busca de semillas e insectos con los cuales alimentarse, cacareaba y cloqueaba. Al volar batía levemente las alas y agitaba escasamente su plumaje, de modo que apenas se elevaba un metro sobre el suelo. A ella no le parecía anormal, ya que así era como volaban las demás gallinas.

Un día estaba muy tranquila en el gallinero y de pronto vio que un ave majestuosa planeaba por el cielo despejado y volaba sin casi batir sus resplandecientes alas, dejándose llevar gallardamente por las corrientes de aire.

"¡Qué hermosa ave!", le dijo el águila del gallinero a la gallina que se hallaba a su lado. ¿Cuál es su nombre?

"Águila", respondió la gallina y agregó: "es la reina de las aves, pero no te hagas ilusiones: nunca serás como ella"...

El águila que se creía gallina esperó a que nadie del gallinero la viera y agitó sus alas un par de veces en un intento por imitar al ave que planeaba en el cielo, pero enseguida se desmoralizó porque ella no era un águila sino simplemente una gallina...

"Para ella es fácil porque es águila... pero yo no puedo porque soy gallina" se dijo a si misma, dejando de mirar hacia arriba y acercándose a las gallinas para seguir picoteando el suelo y cacareando mientras se quejaba de su suerte, convencida de que ella jamás podría alcanzar semejante proeza...

La actitud de encarar la vida con decisión y energía, venciendo todas las dificultades que se presentan, es la única llave para el éxito. Por eso, si quieres estar arriba y despegarte del suelo, debes de empezar por dejar de lado las excusas y desterrar definitivamente de tu vocabulario la frase: Si puedo, pero...

¡SONRÍA!

¿TIENE PROBLEMAS EN el trabajo, la familia o en el relacionamiento social? Le propongo un sencillo y sano ejercicio que le va a ayudar a solucionar todas esas dificultades como por arte de magia. El ejercicio es bien simple: todas las mañanas al despertar curve la comisura de los labios hacia arriba y manténgalos en esa posición hasta que se vaya a dormir nuevamente... Mantenga esa acción suceda lo que suceda y verá que, al principio, la gente se sorprenderá gratamente de verlo así, luego se contagiarán de su nuevo estilo de vida y finalmente le abrirán las puertas de sus corazones... Claro que, al igual que los tratamientos con pastillas para adelgazar en los que se recomienda no sólo ingerir la píldora para tener éxito, sino también hacer ejercicio y dieta, esta fórmula que le hemos dado de curvar los labios hacia arriba va a ser más efectiva si agregamos a la acción: una buena dosis de optimismo y pensamiento positivo... Si logra conjurar las tres cosas el mundo caerá a sus pies y sólo el cielo será el límite...

Había una vez un anciano que pasaba los días sentado junto a un pozo a la entrada de la ciudad. Un día, un joven se le acercó y le preguntó: "Yo nunca he venido por estos lugares, ¿Cómo son los habitantes de esta ciudad?" El anciano le respondió con otra pregunta: "¿Cómo eran los habitantes de la ciudad de la que vienes?" "Egoístas y malvados, por eso me he sentido contento de haber salido de allá", dijo el hombre... "Así son los de acá", le respondió el anciano y el hombre siguió su camino...

Un poco después, otro joven se acercó al anciano y le hizo la misma pregunta: "Voy llegando a este lugar, ¿Cómo son los habitantes de esta ciudad?" El anciano le contestó con la misma pregunta: "¿Cómo eran los habitantes de dónde vienes?" "Eran buenos, generosos, hospitalarios, honestos, trabajadores. Tenía tantos amigos, que me ha costado mucho separarme de ellos" "También los habitantes de esta ciudad son así", respondió el anciano y el hombre entró a la ciudad...

Un pastor que había llevado a sus animales a tomar agua al pozo y que había escuchado la conversación le dijo al anciano: "¿Cómo puedes dar dos respuestas completamente diferentes a la misma pregunta hecha por dos personas?"

"Mira", le respondió, "cada uno lleva el universo en su corazón. Quién no ha encontrado nada bueno en su pasado, tampoco lo encontrará aquí. En cambio, aquel que tenía amigos en su ciudad, encontrará también aquí amigos leales y fieles. Porque las personas siempre encontrarán en los demás el reflejo de su propia alma y de su propia actitud"...

Por eso siempre sonríe, ya que la risa reduce el estrés, relaja los músculos y es un buen remedio para evitar la depresión. Recuerda que una sonrisa franca y sincera será siempre tu mejor carta de presentación porque la risa es contagiosa, crea un ámbito positivo, alivia tensiones y genera empatía... por eso curva la comisura de los labios hacia arriba y mantenlos así todo el tiempo que puedas...

NO ES MÁS RICO EL QUE MÁS TIENE SINO EL QUE MENOS NECESITA

LES PROPONGO ALGO... detengámonos completamente, dejemos por un momento de hacer la tarea cotidiana. Tomemos tiempo para reubicarnos mental, espiritual y físicamente en este mundo... redefinamos nuestras metas... El ser humano cada día se obnubila más con el tema del trabajo, el dinero y el poder, olvidándose de las cosas sencillas de la vida donde se esconde la sabiduría y la grandeza del Creador... El hombre cree que el dinero lo soluciona todo pero, cada día, por querer tener más bienes materiales y mayor poder, envenenamos nuestra atmósfera, nuestro medio ambiente y también nuestro espíritu.

El dinero compra poder y el poder da más dinero pero, al fin del día, ese círculo vicioso nos coloca a nuestro alrededor personas que sólo nos catalogan por lo que tenemos, amigos que buscan únicamente la comodidad de nuestra posición socio-económica y aduladores que sólo lisonjean nuestros oídos pero que no les importa nuestro corazón. Es decir... si endurecemos nuestro corazón sólo para acumular dinero, podremos obtener poder, riqueza, capital y patrimonio, pero seguramente careceremos de lo más sutil y elemental que se necesita para sustentar el alma: amor puro y sincero.

Cuenta una historia que una familia poderosa y de mucho dinero salió de viaje para mostrarle a su hijo la suerte que tenía al vivir en el seno de una familia rica. Al concluir el paseo y de regreso a casa el padre le pregunta a su hijo: "¿Que te pareció el viaje?"... "¡Muy bonito papá!", respondió el niño.

"¿Viste que tan pobre puede ser la gente?", dijo el padre... "¡Si!", respondió su hijo.

"¿Y que aprendiste?", inquirió nuevamente el padre... y el niño respondió: "Vi que nosotros tenemos un perro en casa, ellos tienen cuatro. Nosotros tenemos una alberca que llega de una barda a la mitad del jardín, ellos tienen un arroyo que no tiene fin. Nosotros tenemos unas lámparas importadas en el patio, ellos tienen las estrellas. El patio nuestro llega hasta la barda de la casa, ellos tienen todo un horizonte de patio. Ellos tienen tiempo de platicar y convivir en familia, sin embargo tú y mi mamá tienen que trabajar todo el tiempo y casi nunca los veo".

Al terminar el relato, el padre se quedó mudo... y su hijo agregó: "¡Gracias papá por enseñarme lo rico que podemos llegar a ser!"...

Decía Emile Henry Gauvreay que "hay gente que pasa su vida haciendo cosas que detesta, para conseguir dinero que no necesita y comprar cosas que no quiere, para impresionar a gente que odia". En realidad no hay nada de malo en que el hombre posea riqueza, lo malo es que estas posean el corazón del hombre y lo endurezca de tal manera, que se olvide de mirar lo que hay alrededor de si mismo y en su propio corazón. Recuerden que no es más rico el que más tiene sino el que menos necesita...

CUANDO EL DESTINO NOS ALCANCE

¿LA CIENCIA Y la fe están divorciadas? ¿Son una pareja que se llevaron bien un tiempo y ahora no se pueden ver? Desde Galileo a nuestros días parece que la incompatibilidad de caracteres entre una y otra ha marcado el principio del fin... y como todo buen divorcio qué se precie de tal, cada uno de los cónyuges trata de llevar agua a su molino primero y de conquistar para sí a la descendencia de ambos después. ¿Cómo? negando las virtudes del otro, maximizando los defectos de su oponente y minimizando sus virtudes... Típico caso de la psiquis y el comportamiento humano envuelto en un tema en el cual los únicos que pierden son sus descendientes o, en este caso, la raza humana...

Es tanta la pasión que se ha puesto por demostrar quién tiene la razón en el nacimiento del universo y la vida, que parece imposible aceptar que haya un ser humano que crea en la ciencia y tenga fe al mismo tiempo o viceversa... o es uno o es otro... Y, como la vida misma, ambos han sabido mantener la delantera y cautivar a sus descendientes en su momento.

Empezó ganando la fe, porque la Ciencia era rudimentaria... entonces la Fe cumplía el rol perfecto: daba explicación al universo y a la vida de forma sencilla y prometía como dádiva a quien creyera en eso, la vida eterna... mejor imposible... Todo parecía solucionado, pero la ciencia no se dio por vencida, su espíritu indómito y aventurero la hizo crecer, se preocupó y aprendió, mejoró, se educó y empezó a demostrar mediante su riguroso e "infalible" método científico que las verdades que pregonaba la Fe carecían de sustento y soporte y que todo su conocimiento se basaba únicamente en la esperanza y la convicción.

A partir de allí ya no bastó con responder a las preguntas: "eso es un misterio de Dios... hay que tener fe"... la Ciencia daba la respuesta al misterio con lujo de detalles y eso la colocó rápidamente en el sitial de los elegidos... Cómos y porqués empezaron a ser disipados y el júbilo se apoderó de sus descendientes que se encandilaron porque creyeron que allí estaba la verdad de la vida y lentamente empezaron a cambiar de bando... Además la Ciencia ofrecía también una recompensa extra y era algo que siempre ha subyugado al ser humano: el creer que cada uno es su propio Dios y que las normas morales que pregonaba la Fe (y de las cuales estaban cansados porque eran muy rigurosas) no tienen por qué ser respetadas dado que el propio ser humano es el que impone sus reglas... El campo estaba entonces despejado para que la soberbia, el egoísmo y las ansias de poder que dominan al hombre afloraran en todo su esplendor...

¿Que hizo ante esto la Fe? Pues como estaba acostumbrada a ir incorporando otras creencias a la suya para ganar adeptos, sin importar el génesis que la llevó a ser la consentida de sus descendientes, quiso también pactar con su rival buscando la forma de que todo encajara como un mosaico, pero la Ciencia estaba envilecida por el poder logrado y no le dio su lugar a la Fe creyendo que ya no tendría cabida en la vida de sus descendientes...

Hasta aquí la trama parece la de una novela de esas que nos hacen llorar por las tardes... Hay buenos, malos, villanos, poder, dinero, corrupción y allá... muy lejano... está también el amor y la verdad que se unirán al final del último capítulo para sacar a flote un final feliz que conforme a todos...

¿Cuál es el final? Bueno eso no se lo vamos a contar porque si no ustedes no van a seguir viendo este culebrón universal... pero les voy a brindar algunos adelantos...

Poco a poco los descendientes se van desencantando de la Ciencia porque, aunque responda los cómos y los porque y les de libertad para hacer lo que quieran, ante un problema difícil y sin solución ésta no les ofrece a su alma el confort y la esperanza que brinda la Fe. La Ciencia los deja solos en ese momento y entonces los seres humanos claman a Dios (mediante la Fe) para que les de una nueva oportunidad...

Claro que la gran trama de fondo y lo que comenzará a reunir nuevamente a los dos grandes protagonistas de esta novela, dejando felices a sus descendientes es que, al analizar y ver que el Génesis de la Fe (cualquier similitud con el primer libro de la Biblia no es mera coincidencia) y las teorías de la Ciencia sobre el universo y la vida son, esencialmente, lo mismo... la Ciencia se reconcilia con la Fe y entre ambos les brindan a los seres humanos todas las respuestas y confortabilidad espiritual que siempre habían estado buscando... ¿Cuándo va a suceder eso? Cuando el destino nos alcance... (Si hasta suena bien para titulo de telenovela)...

La libertad de elegir

La gente cree que el éxito y la bonanza económica están tan estrechamente ligados que, una sin la otra, no pueden subsistir. Eso muchas veces los lleva a alejarse de su vocación y elegir trabajos que entienden están mejores remunerados, sólo con la esperanza de acumular dinero y acercarse lo más posible a lo que la sociedad identifica y define como logro o triunfo. Es decir, buscan la ruta más corta o cómoda hacia el éxito (que es tan solo un espejismo, porque si finalmente alcanzan por esa vía el dinero que querían, aun se sentirán vacíos), olvidándose por completo de que realizarse en realidad es tener la satisfacción de ejercer la tarea que uno siempre soñó... aunque el dinero no compense tanto esfuerzo... Llegar a obtener logros económicos, abandonando o dejando de lado una vocación, es como llegar a la cumbre del Everest por medio de una carretera cementada de 8 carriles... Apuesto mil a uno que aunque se hiciera esa vía, los verdaderos alpinistas aun escalarían la montaña por su lado escarpado...

Cuenta una historia que un lobo flaco y hambriento, encontró una noche por casualidad a un perro bien nutrido detrás de una reja. Luego de detenerse para cambiar el saludo, preguntó el lobo: "¿Cómo haces para estar tan bien? ¿Qué comes para estar de tan buena apariencia? Yo, que soy más fuerte, me muero de hambre"...

"Igual fortuna tendrías que yo", respondió el perro indiferente, "si quisieras prestar a mi amo los mismos servicios que yo le presto". "¿Qué servicios son esos?", preguntó intrigado el lobo y el perro respondió impasible: "Guardar su puerta y defender de noche su casa contra los ladrones"...

"Bien, estoy dispuesto a hacer los mismos", dijo el lobo, "ahora sufro las lluvias y las nieves en los bosques arrastrando una vida miserable. ¡Cuánto más fácil me sería vivir bajo techo y saciarme tranquilo con abundante comida!"... "Pues bien", dijo el perro, "si eso quieres ven conmigo".

Mientras caminaban hacia la casa, el lobo vio el cuello pelado del perro por causa de la cadena. "Dime, amigo", le dijo, "porque tienes pelado el cuello... ¿de dónde viene eso?"

"No es nada", respondió el perro. El lobo algo inquieto volvió a decir: "Dímelo te lo suplico"... "Está bien"... respondió el perro, "de día me atan a una cadena para que duerma cuando hay luz y me sueltan a la noche para que vigile (aunque no puedo salir del lugar porque hay bardas altas). A veces el guardián también me ata a la cadena para hacer la ronda conmigo... Pero lo bueno es que, al caer el crepúsculo, siempre me traen el pan sin que yo lo pida; el amo me da los huesos de su propia mesa; los criados me dan los restos y las salsas que ya nadie quiere, de modo que, sin trabajo, se llena mi barriga".

El lobo se detuvo y con dudas volvió a preguntar: "Pero si deseas salir y marcharte donde quieras, ¿te lo permiten?" "No, eso no", dijo el perro, "para eso también sirve la cadena"... "Pues entonces", dijo el lobo alejándose, "goza tú de esos bienes, 'afortunado' perro, porque yo no quisiera ser rey a condición de no ser libre y hacer lo que me gusta y quiero"...

Si para alcanzar el éxito debes abandonar tu vocación y el increíble gozo de realizarte en lo que te gusta, entonces piénsalo más de dos veces... porque cambiarás la libertad de tu espíritu por la pesada cadena de una vida vacía, que no podrás quitarte jamás a pesar de todos los bienes materiales que obtengas...

LA FELICIDAD ES UN TRAYECTO... NO UN DESTINO

EL HOMBRE CONSTRUYE desde la individualidad y el egoísmo una forma de vida que cree que le reporta felicidad, sin embargo ese bienestar personal no es más que un espejismo que impide ver los verdaderos caminos que se deben de seguir en la vida para alcanzar la verdadera felicidad.

Hoy todo se basa en la individualidad, en el poseer más que el otro, en dar la impresión al mundo que soy más poderoso que los demás pero, ¿es esa la verdadera felicidad? O es que cuando terminamos la "función pública", esa que nos permite ufanarnos de nuestros triunfos y posibles riquezas ante el mundo, al no tener a quien seguir presumiéndole nuestra grandeza ¿se genera un vacío e insatisfacción que no nos deja margen para disfrutar de nuestro ego? Sin personas a nuestro lado ya no hay a quien presumirle y si se edifica nuestro mundo en base a demostrar poder sobre los demás... ¿Cómo se puede ser feliz en los momentos de soledad? Siempre habrá que tener un montón de personas a nuestro lado para satisfacer así nuestro poder...

Quien quiere obtener toda la gloria para si mismo puede verse involucrado en la historia del alpinistaególatra, aquel que queriendo ser el primero y el mejor de todos, ganándose el reconocimiento individual del mundo, se aventuró antes que sus compañeros para ser el primero en llegar al pico más alto de la tierra. Era tanta la necesidad de ser reconocido por la gente que no tomó recaudos y comenzó a subir sin haber llevado los implementos necesarios. La sensación de victoria era única, pero la noche cayó con gran pesadez en la altura de la montaña y ya no se podía ver absolutamente nada. Todo era negro y había cero de visibilidad, no había luna y las estrellas estaban cubiertas por las nubes. Subiendo por un acantilado, a tan solo cien metros de la cima y cuando ya sentía que la gloria era suya, resbaló y se desplomó por los aires... caía a una velocidad vertiginosa, no podía ver nada por la oscuridad y sentía la terrible sensación de ser succionado por la gravedad. En esos angustiantes momentos pensó que iba a morir, sin embargo, de repente sintió un tirón muy fuerte que casi lo parte en dos ya que, como todo alpinista experimentado, había clavado estacas de seguridad con candados a una larguísima soga que lo amarraba de la cintura.

Quedó suspendido por los aires y casi de inmediato empezó a rogar: "Ayúdame Dios mío"... De repente una voz grave y profunda de los cielos le contestó: "¿Que quieres que haga?"

"Sálvame Dios mío" dijo el alpinista... "¿Realmente crees que te pueda salvar?" contestó la voz... "Por supuesto Señor", dijo nuevamente el alpinista. "Entonces corta la cuerda que te sostiene", dijo la voz... Hubo un momento de silencio y quietud... el hombre se aferró más a la cuerda y reflexionó...

Cuenta el equipo de rescate que al otro día encontraron colgado a un alpinista congelado, muerto, agarrado fuertemente con las dos manos a una cuerda... ¡a tan solo *un metro del suelo*!...

Ahí tienen el por que de muchas cosas... mientras la gente se aferre a una vida egoísta y quiera la gloria para si mismo en forma materialista, se va a aferrar con las dos manos a su única cuerda, sin darse cuenta que si escucha y confía en las enseñanzas divinas la felicidad en si misma se convierte en un trayecto y no un destino...

LA DECADENCIA DE LOS VALORES HUMANOS

BASTA UN RATO de andar en algún lugar público para darnos cuenta de cómo el ser humano ha ido perdiendo cortesía, decoro, urbanidad y trato con el prójimo. La palabra gracias parece no existir más en el diccionario de la Real Academia Española, ceder el paso a la entrada de un portal es casi una rareza, caminar con un carrito en un supermercado pechando a todo el mundo se ha convertido en algo habitual y querer ser el primero en todo, sin reparar quien está a nuestro costado, se ha transformado en un verdadero modo de vida para una buena porción de la humanidad.

Y no crea que eso es todo, con frecuencia, nos encanta hacer bromas a los demás, reírnos a costa de otros pero, si se meten con nosotros... ¡Como nos ponemos!

Hay una historia que es una clara muestra de esto: un hombre entró a un restaurante y, mientras se dirigía a una mesa vacía, le preguntó a una joven que se encontraba almorzando: "¿Podría, usted, por favor, decirme la hora?".

La joven le respondió con voz airada y muy fuerte de modo que todos pudieran oírle: "¡Cómo se atreve usted, sinvergüenza, viejo verde, desgraciado!"

El hombre enrojeció y sintió sobre él todo el peso de cientos de ojos que le miraban con ira. Sólo atinó a decirle con voz temblorosa: "Lo siento, señorita, pero parece haberme entendido mal, yo sólo le pregunté la hora".

Entonces, la joven se paró ofendida y gritó histéricamente: "Si usted sigue con eso, sinvergüenza, voy a llamar a la policía". Avergonzado, el hombre se fue al rincón más alejado del local y se sentó en una mesa, oculto detrás de una columna.

Algunos minutos después, se le acercó la joven y le dijo sonriendo: "Disculpe usted, siento mucho lo sucedido, pero verá, soy estudiante de psicología y estoy haciendo una investigación de cómo reaccionan las personas ante situaciones imprevistas". El hombre la miró durante unos segundos y exclamó con voz fuerte y asombrada de modo que todos pudieran oírle: "¡De verdad que usted está dispuesta a hacerme todo eso durante toda la noche por tan sólo diez dólares!"... La dama cayó al suelo desmayada.

Queremos recibir respeto y comprensión de los demás, pero no siempre estamos dispuestos a devolverles la misma moneda, por eso antes de actuar piensa si te gustaría que te trataran a ti del modo en que tú te propones hacerlo con tus semejantes.

Afortunadamente todo se puede revertir en la vida pero para eso debemos tener presente aquella frase que dice: "Trata a los demás como quisieras que te trataran a ti y nunca hagas a nadie lo que no te gustaría que te hicieran". En estos dos principios se resume toda la ética y las normas de la convivencia humana así que antes de hacer algo de lo que te puedas arrepentir piénsalo primero dos veces...

Todo tiene su momento en la vida

CONFORME EL MUNDO va cambiando, el ser humano va transformando sus costumbres, sus necesidades y sus expectativas de una manera tan vertiginosa, que a veces asusta. Ya no hay tiempo para sentarse a reflexionar, todo es apurado, todo es ya, todo es ahora... como si el mundo se terminara en diez minutos.

Esa necesidad de consumir la vida para poder hacer lo que nos plazca se la hemos ido transmitiendo a las generaciones más recientes y hoy los niños, adolescentes y jóvenes creen que si no lo tienen todo YA, la vida no tiene sentido. Sin embargo es nuestra responsabilidad como adultos hacerles ver que para todo existe su tiempo y que querer quemar etapas de la vida sin vivirlas es algo que después se paga en la edad adulta.

La fábula de la bobina de oro es un claro ejemplo de todo esto: había un principito que quería ser grande y una noche suspiro tristemente, diciendo: "¿Cuándo seré mayor para hacer lo que desee?".

Al despertarse a la mañana siguiente, descubrió sobre su cama una bobina de hilo de oro de la que salió una débil voz: "Trátame con cuidado, príncipe. Este hilo representa la sucesión de tus días. Conforme vayan pasando, el hilo se ira soltando. No ignoro que deseas crecer pronto... Pues bien, te concedo el don de desenrollar el hilo a tu antojo, pero todo aquello que hayas desenrollado no podrás ovillarlo de nuevo, pues los días pasados no vuelven".

El niño, para cerciorarse de que era cierto, tiró con ímpetu del hilo y se encontró convertido en un apuesto príncipe. Tiró un poco más y se vio llevando la corona de su padre... ¡Era rey!

Así que, en el afán de ver más allá, dio un nuevo tironcito y preguntó: "Dime bobina ¿Cómo serán mi esposa y mis hijos?"

En el mismo instante, una bellísima joven, y cuatro niños surgieron a su lado. Sin pararse a pensar, ya que la curiosidad se iba apoderando de él, siguió soltando más hilo para saber como serían sus hijos de mayores...

De pronto se miró al espejo y vio la imagen de un anciano decrépito, de escasos cabellos nevados. Se asustó de sí mismo y del poco hilo que quedaba en la bobina... ¡Los instantes de su vida estaban contados!...

Desesperadamente, intento enrollar el hilo en el carrete, pero no tuvo éxito. Entonces la débil vocecilla que ya conocía, le dijo así: "Has desperdiciado tontamente tu existencia. Ahora ya sabes que los días perdidos no pueden recuperarse. Has sido un perezoso al pretender pasar por la vida sin molestarte en hacer el trabajo de todos los días. Sufre, pues tu castigo". El rey, tras un grito de pánico, cayó muerto: había consumido la existencia sin hacer nada de provecho.

Para que no te pase lo mismo que al principito vive y disfruta el presente con responsabilidad porque recuerda que nada recogerás en el futuro que no hayas sembrado hoy. Y si te apuras por vivir las etapas de tu vida va a llegar un momento en el que, irremediablemente, añorarás tus días pasados y ya no podrás volver a ellos porque consumiste tu tiempo irresponsablemente. Vive la vida de modo que tú seas el que pase por ella y no ella por ti.

UN MUNDO FELIZ

EL DÍA EN que el hombre se de cuenta, realmente, de la transitoriedad de su existencia sobre la faz de la tierra y comprenda el exiguo tiempo que vive en ella, siendo simplemente un minúsculo e insignificante punto en la línea del eterno tiempo, justo ese día, cesarán las guerras, no habrá más fronteras, no importarán las razas y dejará de existir el egoísmo.

El día que el hombre se de cuenta de la grandeza de Dios y comprenda que es el único camino y esperanza cierta de una vida eterna y con verdadero sentido, justo ese día, esta tierra en la que vivimos comenzará a ser... un mundo feliz.

Pero, mientras existan las guerras, prevalezca el rico sobre el pobre, el poderoso sobre el humilde, mientras haya odio entre razas, egoísmo, terrorismo, miedo y abusos de todo tipo entre los seres humanos, estaremos sometidos a seguir inmersos dentro de algún lugar de la escala zoológica, diferenciándonos del resto de los animales únicamente por el uso mal habido del desarrollo cerebral porque, en definitiva, hoy es sólo eso lo que nos diferencia con otras especies del planeta que viven en base a instintos.

Pensar que hemos entrado al siglo XXI con prodigiosos avances en el campo de la ciencia y de la tecnología (lo que nos puede llevar a equívocos y a pensar en el desarrollo extremo de la humanidad y de su sabiduría) y, sin embargo, a nivel de desarrollo espiritual, anímico, moral, a nivel de conducta medianamente inteligente y de convivencia, nos encontramos en la prehistoria, habiendo avanzado tan poco como nada...

El ser humano buscó unirse a otros en sus comienzos, conformando una vida gregaria, por la necesidad de no estar solo, por sentirse acompañado y vencer los miedos, pero cuando veía a los hombres de otras tribus, con otras creencias y otras costumbres entraba en guerra con ellos para imponer sus ideales e, invariablemente o los sometía o era sometido.

Hoy, miles de años después, el hombre se congrega en grandes ciudades y, sin embargo, en la gran mayoría de los casos mantiene rasgos del comienzo de la historia de la humanidad, ya que no conoce a sus vecinos, no convive ni comparte nada con ellos, le tiene miedo a todo, trata de imponer su individualismo y de imponer sus ideas y sus costumbres... en definitiva ¿En que hemos avanzado?

Hoy se dice que se están recibiendo ondas de radio que quizás provienen de un planeta fuera del sistema solar que podría incluso ser individualizado... ¿Y sabe que?... seguirá siendo la misma historia... el hombre en su afán protagónico, individual y egoísta, motivado aun más por el miedo, no dará la mínima oportunidad y tratará de imponer sus ideas y sus costumbres y todo terminará como al comienzo de la historia... impondrá o le impondrán formas de vida...

En resumen: hoy, con todos los avances de las ciencias biológicas, técnicas y humanas, aun estamos en el mismo punto moral, espiritual y religioso de hace miles de años atrás. Se han superado grandes etapas, se le ha dado oportunidad a todo tipo de formas de convivencia y ninguna ha dado resultado... ¿No será hora de darle una oportunidad a la convivencia pacifica de todas las razas y creencias, de aunar criterios, de borrar los límites naturales, de ser una sola comunidad y de dejar de mirar para adentro, para ver lo que hay a nuestro costado?

Si, ya se, el planteo es una utopía irrealizable, pero tantas cosas que han sido utopías se han convertido en realidad... Soñar no cuesta nada y es a través de lo onírico que los grandes pensamientos se convierten en realidad... ojala así sea y podamos ver algún día... un mundo feliz...

Una hoja en la tormenta

LA FRAGILIDAD DE memoria de los seres humanos me asusta y me sorprende, es tan endeble, pequeña y mediática, que lo que escribe hoy con la mano, lo borra mañana con el codo y lo que hoy instituye como verdad absoluta, mañana lo modifica totalmente, sin justificación ninguna , sin mirar las causas, ni medir las consecuencias.

Últimamente tengo más preguntas que respuestas en mi cabeza, y me duele pensar que no estamos tomando en serio lo que está ocurriendo en nuestro entorno. Estamos demasiados preocupados por atender lo urgente y nos olvidamos de resolver lo importante y, lo peor, es que parece que hemos colmado nuestra capacidad de asombro, aceptando con naturalidad situaciones anómalas, sin darnos cuenta de que, en el mundo de hoy, los más chicos se fijan mucho en la personalidad de los mayores porque necesitan ejemplos, espejos donde mirarse y verse representados.

Me estremece pensar que mundo estamos legando a las generaciones futuras, cuales son los valores morales y espirituales que estamos transmitiendo y cuál es el real significado de la vida que transferimos a los hombres y mujeres del mañana.

No es la generación de hábito de trabajo lo que me preocupa, porque de la forma en que está estructurada la sociedad actual, quien no trabaja no puede sobrevivir en el sistema existente, entonces el trabajar es una necesidad imprescindible para todos y el hábito de trabajo ya forma parte de los niños de hoy. Pero si creemos, como dicen los psicólogos, que los seres humanos nacen con su conciencia como un papel en blanco o como un cuarto vacío, depende absolutamente de nosotros ver que colocamos en la cabeza y en el corazón de cada uno de ellos.

Una de las bases donde asienta el ser humano su estabilidad emocional es la fe pero, lamentablemente, esta se ha ido resquebrajando hasta límites insospechados. Los sucesos de los últimos tiempos en diferentes religiones, son una muestra clara de cómo se está manejando la fe y cuál es la idea que de ella se está inculcando en los más jóvenes.

Sea cual sea la religión que uno profese, hay ciertos cánones que marcan claramente como los seres humanos deben conducirse en la vida y esos conceptos son la fidelidad, humildad, caridad, respeto al semejante y la unión familiar.

Yo me pregunto, que estamos haciendo cada uno de nosotros por esos principios, aunque la verdad primeramente tendría que preguntar, que están haciendo los líderes religiosos por los mismos.

La flexibilidad que le han dado dichos líderes religiosos a las leyes de Dios para atraer fieles y los actos totalmente reñidos con las creencias que predican, más que acercar, han alejado a los creyentes.

Debemos reflexionar profundamente cual es el legado espiritual que queremos entregar a nuestros hijos y examinar muy bien a donde y con quien reforzamos nuestra fe, porque si no estaremos tan expuestos... como una hoja en la tormenta.

Aprender a pensar creativamente

EL GRAN DESAFÍO del género humano es poder sortear con éxito los problemas que le plantea un mundo súper competitivo, donde muchas veces el poder avasalla a la inteligencia, a la imaginación y al conocimiento. Es por eso que hay que aprender a pensar creativamente y mirar las situaciones de la vida con mucha objetividad, para poder salir airoso de los trances que esta presenta y, por sobre todo, sin heridas de magnitud... En pocas palabras: hay que hacer como cuenta la fábula del cachorro y el tigre.

Un cachorro, perdido en la selva, vio un tigre corriendo en su dirección. Comenzó entonces a pensar rápido, para ver si se le ocurría alguna idea que le salvase del temible felino. Entonces vio unos huesos en el suelo y comenzó a morderlos.

Cuando el tigre estaba casi para atracarle, el cachorro dijo en alto: "¡Ah, este tigre que acabo de comer estaba delicioso!"... El peligroso animal, entonces, paró bruscamente y, muerto de miedo, dio media vuelta y huyó despavorido mientras pensaba para sí: "¡Menudo cachorro feroz! ¡Por poco me come a mí también!"...

Un mono que había visto todo, fue detrás del tigre y le contó cómo había sido engañado por el cachorro. El tigre se puso furioso y dijo: "¡Maldito cachorro! ¡Ahora me la vas a pagar!"

El cachorro, entonces, vio que el tigre se aproximaba rápidamente en su búsqueda y que el mono iba sentado en su lomo por lo que pensó: "¡Ah, mono traidor! ¿Y que hago ahora?"

Comenzó a pensar y de repente se le ocurrió una idea: se puso de espaldas al tigre y cuando este llegó y estaba preparado para darle el primer zarpazo, el cachorro dijo en voz alta: "¡Será perezoso el mono! ¡Hace una hora que le mandé a que me trajese otro tigre y todavía no ha vuelto!"...

El tigre quedó congelado y empezó a dar pasos hacia atrás temiendo al cachorro mientras el mono, asustado y previendo que el sería ahora el objetivo de la ira del tigre, saltó a una rama de un alto árbol...

El poder y la envidia son dos de los defectos más grandes que puede sufrir el ser humano y, combinados entre sí, pueden ser letales, por eso en momentos de profundas crisis sólo la imaginación y la astucia son más importantes que el conocimiento para sortear con éxito los más duros escollos. Deja fluir la creatividad ante situaciones difíciles y su magia te conducirá con éxito a la salida más próxima.

Este loco, loco, mundo

Uno quiere tener esperanzas de que el mundo que legaremos a los niños de hoy, hombres del mañana, va a ser mejor que el actual pero, a juzgar por lo que vemos, no da para ser muy optimista al respecto.

Cada minuto que pasa se extingue una especie animal en el planeta, los casquetes polares se derriten inexorablemente, la selva amazónica está siendo diezmada por la tala indiscriminada de árboles, aumenta el agujero de ozono produciendo efectos mortales en los seres humanos, aumenta el efecto invernadero en la tierra y cada vez hay más calor, la polución en las ciudades es cada vez mayor y las enfermedades derivadas de ella son inevitables y frecuentes, por si fuera poco, debido a la alta contaminación y al descuido del ser humano el agua, vital elemento para la vida, cada vez está más contaminada y en poco tiempo podría escasear a nivel mundial, pasando a ser un producto tan o más buscado que las fuentes de energía...

¿Suena alarmante, apocalíptico, aterrador? Bueno, agréguele que buena parte de la humanidad piensa que el color de la piel es determinante para encasillar a los seres humanos en diferentes categorías, que la intolerancia, el fanatismo y la xenofobia pone fronteras y límites, no sólo en la geografía terrestre, sino también en el alma de los hombres, que el uso y abuso que se hace del poder lleva a que cada día mueran de hambre 30.000 seres humanos, que las armas (cada día más sofisticadas y destructoras) siguen siendo el medio más común para dirimir conflictos entre personas, pueblos y naciones... en síntesis: podríamos enumerar un sinfín de cosas más que ponen en peligro el futuro de la humanidad, pero el hombre esta demasiado obnubilado para verlo, el ser 'pensante' está demasiado preocupado por resolver su problema más acuciante... tener poder, tener dinero en abundancia y tener placer, sin importar como se consiga...

Así es el profundo contrasentido de este loco, loco, mundo que hemos inventado, en donde la humanidad se ha despreocupado olímpicamente de su hábitat y sus congéneres y sólo se ha dedicado a pensar en su bien personal... legarles un mundo mejor a nuestros hijos, bajo estas condiciones, será una tarea titánica y de inciertos resultados, sobre todo si la mayoría de la humanidad sigue pensando en si mismo, en vez de pensar en el bien común...

CAMBIAR DE ESTRATEGIA

MUCHAS VECES LUCHAMOS, nos entregamos en cuerpo y alma para que nuestra vida vaya hacia delante pero sentimos que no avanzamos, que estamos estancados... es como si tuviéramos una mano gigante e invisible que nos frenara y no nos dejara prosperar, coartándonos la posibilidad de mirar el futuro con optimismo y seguridad. Sentir que se hace el mejor esfuerzo y que el mismo no da los resultados deseados quebranta el alma y corroe el espíritu, haciendo que muchas veces las personas se resignen y no luchen por modificar su situación, entrando en un estado de inercia, flojedad y pereza que las lleva a aceptar su condición, sin buscar un cambio que las impulse hacia las metas propuestas.

El tema es que muchas veces el esfuerzo que hacemos es el máximo, pero aplicamos mal la táctica a seguir para conseguir nuestras metas y el resultado es infructuoso, inútil e ineficaz. Por eso, si sientes que tus cosas no van como tu quieres y realmente estas haciendo el máximo de tus esfuerzos, cambia de estrategia y sigue tras tus sueños para conquistarlos.

Dicen que una vez, había un ciego sentado en un parque, con una gorra a sus pies y un cartel en el que, escrito con tiza blanca, decía: "Por favor ayúdeme, soy ciego".

Un creativo de publicidad que pasaba frente a él se detuvo y observó unas pocas monedas en la gorra. Sin pedirle permiso tomó el cartel, le dio la vuelta, tomó una tiza y escribió otro anuncio. Volvió a poner el pedazo de madera sobre los pies del ciego y se fue.

Por la tarde el creativo volvió a pasar frente al ciego que pedía limosna y ahora su gorra estaba llena de billetes y monedas. El ciego, reconociendo sus pasos, le preguntó si había sido él quien reescribió su cartel y, sobre todo, le preguntó qué que era lo que había escrito allí.

El publicista le contestó: "Nada que no sea tan cierto como tu anuncio, pero con otras palabras" y, sonriendo, siguió su camino. El ciego nunca lo supo, pero su nuevo cartel decía: "Estamos en primavera y... yo no puedo verla"...

Cambiemos de estrategia cuando nuestra vida se estanca o no alcanza el éxito y verás que puede que resulte mejor de esa manera. Recuerda siempre que el éxito se compone por un 90% de esfuerzo, un 5% de talento y un 5% de originalidad y que es una estricta fórmula que si no lleva los ingredientes exactos tiende a fracasar...

DE TI DEPENDE

SI SIENTES QUE el mundo está al revés o que tu vida actual no es lo que habías planificado, si tu trabajo no es lo que esperabas o tus relaciones personales y/o sentimentales no son las correctas, quizás sea hora de revisar detenidamente porque estas parado justo ahí en este momento. Uno sueña y se prepara para vivir de una forma determinada pero la vida son momentos, instantes fugaces que debes de ir engarzando uno a uno, de acuerdo a tus propias habilidades, capacidades y experiencia, para llegar a estar en el lugar correcto y vivir una vida plena.

Si por alguna circunstancia esa cadena se rompe en algún momento y te desvías de la meta que buscabas, en vez de dejarte llevar por la corriente sin fuerza de voluntad para cambiar las cosas, apela a tus propias habilidades, conocimiento, capacidad y experiencia para corregir el rumbo y reencausar tu vida... sólo tú puedes hacerlo, pero para eso hay que tener valor, fe, determinación y muchísima voluntad...

Cuenta una historia que una madre y un bebé camello estaban descansando y de repente el bebé camello dice: "Madre, ¿puedo preguntarte algunas cosas?" La Mamá camello, intrigada, respondió: "¡Claro que sí! ¿Por qué hijo, hay algo que te molesta?" El joven sin titubear fue directo a la pregunta: "¿por qué los camellos tenemos joroba, yo por ejemplo no la uso para nada?"

"Mira hijo, nosotros somos animales del desierto y necesitamos la joroba para guardar agua y podamos sobrevivir sin ella", respondió su madre. Y antes que dijese algo más el camellito volvió a insistir: "¿Bien, entonces por qué son nuestras piernas largas y nuestras patas redondas? Es incomodo para descansar a veces"...

"¡Hijo, obviamente ellas se adaptan para andar en el desierto, con estas piernas nos podemos mover por el desierto mejor que nadie!" dijo la madre orgullosamente. Pero el bebé camello no estaba del todo convencido y volvió a preguntar: "¿Bien, entonces por qué son nuestras pestañas tan grandes? A veces esto molesta mi vista".

"Hijo mío", dijo la madre camello con infinita paciencia y sabiduría, "esas pestañas largas y gruesas ofician como una tapa protectora. Ellas ayudan a proteger tus ojos de la arena del desierto y el viento", volvió a decir su madre con ojos llenos de orgullo...

El camello bebé miró a su madre desorientado y dijo: "ya entiendo. Entonces la joroba debe almacenar el agua cuando estamos en el desierto, las piernas son para andar por el desierto y estas pestañas protegen mis ojos del desierto... Entonces Madre... ¡qué estamos haciendo aquí en el zoológico!"...

Las habilidades y capacidades naturales que poseemos, la educación adquirida y la experiencia recogida únicamente son útiles si estas en el lugar correcto y las empleas para darle sentido a tu vida... ¿Donde estas tu ahora? ¿Estás donde quieres estar? ¿Usufructúas al máximo tus habilidades, conocimientos y experiencia? Porque si no es así, aun estás a tiempo de re-encausar tu vida y disfrutarla con gozo y plenitud... de ti depende...

ENTRADA POR AQUÍ

EN UN MUNDO donde todos están apurados, complicados, estresados, irritados, siempre corriendo para poder conseguir dinero y pagar las cuentas, hay poco tiempo para pensar. Es por eso que los problemas más fáciles se tornan de difícil solución y, aquellos que son delicados y complicados, parecen que son imposibles de resolver.

Sin embargo, si le diéramos el tiempo necesario a nuestro yo interior y a nuestra intuición, buscando la solución a nuestros problemas, sin la presión de decidir en décimas de segundos (que siempre obliga a errores lógicos), los mismos serían resueltos y los malos momentos, en su mayoría, se evitarían.

El gran inconveniente es que la humanidad vive aceleradamente y el fatalismo que la rodea siempre hace creer que las cosas son imposibles de lograr. El propio Jesús dijo una vez que si el hombre tuviera tan solo un poco de fe, podría mover montañas... pero nunca le hemos hecho caso...

Una pequeña y corta historia ficticia, que se cuenta en cursos de venta nos muestra que, si nos damos el tiempo necesario para pensar, podemos salir airosos de las situaciones más penosas, aplicando simplemente el sentido común y la intuición.

Cuenta la historia que el dueño de un supermercado de una ciudad, de tan solo cinco mil habitantes, soñaba con progresar y buscaba una oportunidad que le permitiera hacer una gran diferencia económica. El nunca se daba por vencido por eso siempre buscaba dicha oportunidad.

Un día, mirando un periódico, vio en los avisos clasificados que se vendía un local en la avenida principal de la ciudad más grande del país. El precio era muy bueno aunque el local era muy chico para un supermercado como el que tenía, pero por esa calle pasaban diariamente más de dos millones de personas y ese potencial de clientes harían la diferencia.

De inmediato se decidió comprarlo y, para que nadie le fuera a quitar la oferta, ni siquiera lo fue a ver. Se encaminó a la empresa vendedora y, con los ahorros de toda su vida, adquirió el local.

Ya con el titulo de propiedad en la mano tomó su vehículo y se encaminó a ver su nueva adquisición. En el camino pensaba que buena suerte había tenido y que ahora, al colocar su supermercado en tan buen lugar, sus ganancias se iban a triplicar en cuestión de días. Iba soñando y hasta gastando a cuenta de los dividendos que iba a obtener, cuando llegó a su nuevo local. Al verlo, una tonelada de desesperación cayó sobre sus hombros, ya que el local era hacia adentro, sólo tenía una puerta y la mitad del bloque hacia la derecha la dominaba un supermercado que tenía un gran luminoso que decía 'el supermercado más grande del país' y hacia su izquierda, en la otra mitad del bloque, había otro supermercado con un luminoso que decía 'el supermercado con los mejores precios del mundo'.

Con los sueños rotos se fue a su casa y se lamentaba de su mala suerte. Se sentó debajo de un árbol y se dijo que ya no tenía más fuerzas para seguir.

Dejó correr las horas allí pero, de repente, se levantó corriendo y, lleno de energía, se puso a trabajar. Instaló su negocio en el nuevo local y, en cuestión de meses, su pequeño supermercado obtenía el triple de ganancias que sus dos competidores y era el que más público tenía.

¿Cómo hizo? Sencillo al tener dos supermercados gigantes a sus costados que lucían sendos letreros que decían: 'el más grande del país' y 'el de mejores precios del mundo', él puso, encima de su única puerta una gran flecha luminosa que la señalaba y un cartel que decía: ENTRADA POR AQUÍ...

DISFRUTA CADA SEGUNDO DE TU VIDA

GUIADOS POR EL instinto de poseer, ostentar y lucir, el ser humano cada día deja su vida corriendo desaforadamente tras conquistas materiales, olvidándose por completo que lo esencial de la felicidad no es acopiar descontroladamente, sino disfrutar con alegría, gozo y sencillez aquello que tiene entre sus manos y a quienes lo rodean. Una cosa es tener en la vida el fuego sagrado de querer superarse a sí mismo para crecer como ser humano y otra muy distinta es que, poseídos por la ambición de poder y ostentación, el hombre despierte un apetito voraz por la conquista material ya que ese deseo de poder absoluto lo llevará, irremediablemente, a una carrera sin fin porque quien ambiciona más de lo que puede atesorar y disfrutar, vive con insatisfacción permanente y destruye por completo su espiritualidad...

Cuenta una historia que un grupo de profesionales, todos triunfadores en sus respectivas carreras, se juntó para visitar a su antiguo profesor. Pronto la charla devino en quejas acerca del interminable 'stress' que les producía el trabajo y la vida en general. El profesor les ofreció café, fue a la cocina y pronto regresó con una cafetera grande y una selección de tazas de porcelana, plástico, vidrio y cristal. Algunas eran sencillas y baratas, otras decoradas, unas caras, otras realmente exquisitas y de muchísimo valor. Tranquilamente les dijo que escogieran una taza y se sirvieran un poco del café recién preparado.

Cuando lo hubieron hecho, el viejo maestro se aclaró la garganta y con mucha calma y paciencia se dirigió al grupo diciendo: "se habrán dado cuenta de que todas las tazas que lucían bonitas y más grandes se terminaron primero y quedaron pocas de las más sencillas y baratas, lo que es natural, ya que cada quien prefiere lo mejor para sí mismo. Ésa es realmente la causa de muchos de sus problemas relativos al 'stress'".

Mientras el grupo lo miraba con mucha atención el profesor prosiguió diciendo: "les aseguro que la taza no le añadió calidad al café. En verdad la taza solamente disfraza, contiene o reviste lo que bebemos. Lo que ustedes querían era el café, no la taza, pero instintivamente buscaron las mejores y, después, se pusieron a mirar las tazas de los demás. Ahora piensen en esto: la vida es el café. Los trabajos, el dinero, la posición social, etc. son meras tazas, que le dan forma y soporte a la vida y el tipo de taza que tengamos no define ni cambia realmente la calidad de vida que llevamos. A menudo, por concentrarnos sólo en la taza, dejamos de disfrutar el café y este se enfría irremediablemente".

El profesor finalizó diciendo: "La gente más feliz no es la que tiene más, ni lo mejor de todo, sino la que hace lo mejor con lo que tiene así que, pues, recuérdenlo: vivan de manera sencilla, tengan paz, den amor y actúen generosamente. Sean solidarios y solícitos, hablen con amabilidad, respeten a sus semejantes y recuerden que la persona más rica no es la que tiene más, sino, la que necesita menos... En una palabra disfruta tu café y olvídate de la taza que lo contiene, no sea cosa que se enfríe"...

Aprende a disfrutar de los logros que consigues y busca superarte siempre en la vida para crecer como ser humano y no para ostentar tus bienes frente a los demás. Recuerda que la codicia, la avaricia y la jactancia son venenos poderosos que amargan tu vida y terminan destruyendo tu espiritualidad... Como dijo el filósofo, ensayista y poeta Ralph Waldo Emerson: "El éxito consiste en obtener lo que se desea. La felicidad, en disfrutar lo que se obtiene".

FUEGO EN EL CORAZÓN

¿SABEN CUÁL ES la mayor diferencia entre el éxito y el fracaso, el triunfo y la derrota? El fuego interior, la tenacidad y el deseo de superación constante. Quien tiene en su corazón el fuego sagrado de superarse contantemente a sí mismo, disfrutará siempre de la oportunidad de triunfar... quien se conforma, quien se deja vencer por las dificultades, quien no tiene el deseo de superar sus propios logros podrá disfrutar algunos triunfos ocasionales y fortuitos pero, a la larga, la apatía, la comodidad y el conformismo, lo harán caer en la chatura y en la mediocridad...

La gente muchas veces confunde y compite en logros con los demás, sin darse cuenta que el verdadero triunfo, el verdadero éxito en la vida no es ganarle a un semejante, sino superar nuestros propios triunfos y llegar a una nueva meta o marca personal. Allí está el verdadero desafío, esa es la verdadera esencia del éxito y de la superación propia...

Cuenta una historia que un hombre observaba absorto un grupo de hormigas que trabajaba sin desmayos, llevando comida para su hormiguero. El camino era largo y lleno de desafíos, pero las hormigas superaban todo con tremendo afán. Hubo una hormiga en particular que atrajo su atención. No era diferente a las demás en su complexión física o su tamaño, pero se había propuesto llevar al hormiguero una hoja que era casi seis veces más larga que ella misma. El hombre dudó que la hormiga pudiera alcanzar con éxito tremenda tarea por lo duro del camino y se quedó mirando con atención aquella titánica y empecinada lucha...

Después de avanzar varios metros dificultosamente con semejante carga y de haber superado con paciencia y espíritu indomable diversas dificultades del terreno, la hormiga llegó a una especie de grieta, estrecha pero profunda, formada entre dos grandes piedras. La hormiga probó cruzar de una manera y de otra, pero todo su esfuerzo fue en vano.

El hombre estuvo tentado de ayudarla porque le dio pena la lucha sin cuartel que libraba empecinadamente la pequeña y valiente hormiga, había visto todo su esfuerzo superando verdaderas adversidades del terreno y creyó que ese era el límite de sus posibilidades, pero lo que vio a continuación lo lleno de admiración y respeto, ya que la hormiguita hizo lo increíble: con gran habilidad apoyó los extremos de la hoja en un borde y otro de la grieta y así se construyó su propio puente, sobre el cual pudo atravesar el abismo... al llegar al otro lado tomó nuevamente su carga y continuó sin inconvenientes. La hormiga supo convertir su carga en un puente y así superó su limitación para alcanzar su meta...

Donde otros quizás se rinden, en el lugar que se cree es el límite definitivo, siempre hay alguien con fuego en el corazón, espíritu indomable y deseos de superación personal, que transforman la carga en puente y superan (para asombro de los demás) sus propios logros, alcanzando metas jamás pensadas... Siempre se puede dar un paso más allá de tu propio límite si crees en ti mismo, sientes el deseo de superación constante y tienes el fuego sagrado de aquellos que nunca, jamás, se dan por vencidos... de ti depende...

LA DEDICACIÓN Y EL EMPEÑO SON LAS CLAVES DEL ÉXITO

HAY GENTE QUE todo lo que se propone lo consigue, mientras hay otras que empiezan mil proyectos y nunca pueden culminar ninguno... ¿Dónde está la diferencia? ¿Por qué algunos llegan al éxito y otros no? ¿Es suerte o es confianza en uno mismo? El Psicólogo Benjamin Bloom, quien realizó un interesante estudio con personas de éxito en ramas tan diversas como los deportes, arte, ciencia y empresas, llegó a la conclusión que el impulso y la dedicación (no precisamente el gran talento natural) produce un éxito excepcional. Es decir, que aquellas personas que saben lo que quieren y están decididos a llegar hasta el fin para conseguirlo, son las que triunfan en la vida y obtienen todos los logros que se proponen. No basta el talento únicamente para llegar a la cima, la dedicación y el convencimiento en uno mismo son tan importantes que llegan a ser la línea que separa fuertemente al éxito del fracaso...

Fíjese atentamente en aquellas personas que han conseguido triunfar, seguramente tuvieron muchos fracasos en el medio... pero nunca desfallecieron y siempre supieron que, persistiendo, los logros llegarían y se multiplicarían simplemente porque el que piensa en fracasar ya fracasó y el que piensa en ganar, lleva siempre un paso adelante...

Cuenta una historia que un científico de Phoenix, Arizona quería probar una teoría. Necesitaba un voluntario que llegase hasta las últimas consecuencias. Por fin lo encontró, era un condenado a muerte que sería ejecutado en la silla eléctrica, en la penitenciaría de St. Louis en el estado de Missouri.

El científico le propuso al condenado, lo siguiente: Él participaría de un experimento científico que consistía en hacerle un pequeño corte en el pulso, con el propósito de que su sangre fuera goteando lentamente hasta la última gota. Le explicó que tenía mínimas probabilidades de sobrevivir, pero que de todas formas, su muerte sería sin sufrimiento, ni dolor y ni siquiera se daría cuenta. Si por esas grandes casualidades sobrevivía al experimento sería libre...

El condenado aceptó, porque morir de esta manera, era preferible a morir en la silla eléctrica. Le colocaron en una camilla y ataron su cuerpo para que no pudiera moverse. A continuación le hicieron un pequeño corte en la muñeca y colocaron debajo de su brazo una pequeña vasija de aluminio.

El corte fue superficial, sólo sus primeras capas de piel, pero fue lo suficiente para que él creyera que realmente le habían cortado las venas. Debajo de la cama, fue colocado un frasco de suero con una pequeña válvula que regulaba el paso del líquido, en forma de gotas que caían en la vasija. El condenado, podía oír el goteo y contaba cada gota de lo que creía era su sangre. El científico, sin que el condenado lo viera, iba cerrando la válvula, para que el goteo disminuyera, con la intención de que pensara que su sangre se iba terminando. Con el pasar de los minutos su semblante fue perdiendo color, su ritmo cardíaco se aceleraba y le hacía perder aire a sus pulmones. Cuando la desesperación llegó a su punto máximo, el científico cerró por completo la válvula y entonces el condenado tuvo un paro cardíaco y murió.

El científico consiguió probar que la mente humana cumple estrictamente todo lo que percibe y que el individuo lo acepta, sea positivo o negativo, actuando sobre toda nuestra parte psíquica y orgánica...

Esta historia nos deja una enseñanza muy interesante: el científico le dio a ese hombre una posibilidad de vida pero éste, al parecer, la desaprovechó.

Muchas veces en nuestra vida también se nos presentan problemas que parecen ser lapidarios y, posiblemente, hasta haya alguien en ese entonces que nos brinde una posibilidad de revertir dicha situación, pero nosotros no la aceptamos cegados por lo que solo somos capaces de percibir e imaginar.

Por eso deja atrás los pensamientos negativos y persevera en la búsqueda de tus sueños, que los logros llegan cuando uno no se deja vencer ni aun vencido...

Esta columna está dedicada a aquellas personas que conozco y que, con su ejemplo, me han enseñado a ir siempre un poquito más allá para alcanzar mis metas...

No te limites

El adversario más poderoso y letal que tenemos los seres humanos para avanzar hacia nuestras metas es nuestro propio intelecto, que muchas veces nos limita y cercena la posibilidad de crecimiento, porque nos hace creer que en la vida hay límites infranqueables para nuestros sueños... Si no somos capaces de dejar volar la imaginación y superar esas barreras, jamás vamos a salir de la mediocridad, porque el espíritu humano se ha dejado acorralar por el raciocinio negativo que nos repite incansablemente: "eso jamás lo podrás lograr"...

Cuenta una historia que un elefante y una alondra eran amigos. La alondra le señalaba al elefante los rincones más sombreados de la selva y este protegía con su presencia nocturna el nido de la alondra de serpientes voraces y ardillas rapaces.

Un día el elefante le dijo a la alondra que le tenía envidia por poder volar. ¡Cuánto le gustaría remontarse por los aires, ver la tierra desde las alturas, llegar a cualquier sitio en cualquier momento! Pero con su peso... ¡era imposible!

La alondra le dijo que era muy fácil. Se quitó con el pico una pluma de la cola y le dijo: "Aprieta fuerte esta pluma en la boca, y agita rápidamente las orejas arriba y abajo"...

El elefante hizo lo que la alondra le había dicho, apretó con fuerza la pluma en la boca para que no se le fuese y comenzó a agitar sus grandes orejas arriba y abajo con toda su energía. Poco a poco notó que se levantaba, despegaba, se sostenía en el aire y podía ir donde quisiese por los aires con toda facilidad. Entonces vio la tierra desde las alturas, vio los animales y los hombres, cruzó por lo alto el río profundo que había marcado el límite de su territorio, exploró paisajes desconocidos y volvió al fin, feliz y contento a aterrizar al sitio donde había dejado a la alondra.

"No sabes cuánto te agradezco esta pluma milagrosa", le dijo. Y se la guardó cuidadosamente detrás de la oreja para volver a usarla en cuanto quisiera volar otra vez.

La alondra le contestó: "Oh, esa pluma. La verdad es que no vale nada. Se me iba a caer de todos modos y era inútil. Pero tenía que darte algo para que creyeras y se me ocurrió eso. Lo que te hizo volar fue lo bien que agitaste las orejas, no mi pluma"... Cuentan que el elefante lo volvió a intentar mil veces más, pero sabiendo que la pluma no era mágica y siendo consciente de su peso... jamás volvió a volar...

Si tienes un sueño no seas tú mismo el que le pone los límites, porque sino jamás alcanzarás a concretarlo y sólo buscarás mil excusas para justificar tu fracaso... Deja volar tu imaginación, pon todo tu esfuerzo y fe de que vas a poder llegar a la meta y nunca te rindas, porque los límites terminan cediendo ante el embate persistente del entusiasmo, la confianza y la convicción... De ti depende...

¡ANÍMATE A CAMBIAR AL MUNDO!

SI TIENES UN don que la vida, la naturaleza o Dios te dio o si estas en una posición en el que puedes ayudar a los demás, no dudes... hazlo. Sentir en tu espíritu la enorme e inabarcable sensación de hacer el bien sin esperar nada a cambio, debe de ser el sentimiento más embriagador y maravilloso que se puede experimentar en la vida.

El ser humano está tan duramente entrenado por su exigente individualismo para recibir y/o acaparar, que su único acto de benevolencia o ayuda a un semejante, lo practica ante su círculo de relación más íntimo (que en definitiva es tan solo un apéndice de sí mismo) lo que le basta y sobra para mitigar y adormecer su conciencia.

Ya nadie piensa en el prójimo, nadie quiere extender su mano para dar sino para recibir y si da, espera a cambio recoger una recompensa aun mayor... algunos, en el colmo del paroxismo, no sólo no dan sino que cuando reciben ni agradecen y muchísimo menos devuelven, ya que creen que la obligación de todos los demás es servirlos como reyes...

Cuenta una historia antigua que una mañana el sultán salía de la ciudad, rodeado de su fastuosa corte. A poco de salir encontraron a un anciano, que plantaba afanoso una palmera. El sultán se detuvo al verlo y le dijo asombrado: "¡Oh, anciano!, plantas esa palmera y no sabes quiénes comerán su fruto... muchos años se necesita para que madure y tu vida se acerca a su término".

El anciano lo miró bondadosamente y luego le respondió: "¡Oh, sultán! Otros plantaron y nosotros comimos; plantemos entonces para que otros coman"...

El sultán quedó admirado de tan grande generosidad y le entregó cien monedas de plata, que el anciano tomó haciendo una reverencia y luego dijo: "¿Has visto, ¡oh, rey!, cuán pronto ha dado fruto la palmera?"... Asombrado el sultán, al ver la sabia respuesta del anciano, le entregó otras cien monedas de plata... El anciano las besó y luego contestó prontamente: "¡Oh, sultán!, lo más extraordinario de todo es que generalmente una palmera sólo da fruto una vez al año y la mía me ha dado dos en menos de una hora"...

Si el ser humano sigue el derrotero de dar esperando recibir su recompensa o, peor aún, sólo queriendo recibir sin dar nada a cambio, la sociedad camina hacia el despeñadero... ¡Anímate a cambiar! Quizás al principio la indiferencia o la falta de agradecimiento de los demás te moleste y te choque un poco, pero la ley de atracción dice que lo semejante se atrae... por eso si practicas el bien, sin mirar a quien y lo aplicas con el corazón y sin esperar nada a cambio seguramente recibirás, como el anciano de la palmera, el doble de tu dádiva... y si no recibes a cambio nada de tu prójimo, no te preocupes, tu espíritu obrará en ti algo majestuoso, porque no hay mayor placer que dar sin esperar nada a cambio...

ESTO TAMBIÉN PASARÁ

SI CREES QUE el dolor que sientes hoy será infinito y que no hay un mañana de esperanza, no desesperes... porque todo pasará... Pero si te encuentras en las antípodas de este sentimiento y crees que esa felicidad o bonanza que disfrutas son algo sin fin, atesora el momento y disfrútalo intensamente porque, inevitablemente, también pasará... Así es la vida, nada es para siempre, los momentos son fugaces, pequeñas pinceladas o matices de alegrías y tristezas que van haciendo la vida del hombre, por lo que la mayor sabiduría que uno puede atesorar es tener consciencia de la transitoriedad de las cosas y aceptarlas como tal...

Cuenta una historia que al rey de un lejano país le estaban fabricando un anillo con uno de los diamantes más perfectos de la tierra y quería guardar dentro de él un mensaje que pudiese ayudarlo en momentos de desesperación total y que ese legado se traspasase a sus hijos para siempre... "tiene que ser un mensaje pequeño, de manera que quepa debajo del diamante", dijo el rey. Los sabios y eruditos del reino pensaron y buscaron en sus libros una frase profunda y concreta, pero no podían encontrar nada.

El rey tenía un anciano y fiel sirviente que también había sido servido a su padre y lo trataba como si fuera de la familia. El rey sentía un inmenso respeto por el anciano, de modo que también lo consultó. Y éste le dijo: "no soy sabio, erudito o académico, pero conozco el mensaje... Durante mi vida en palacio, he conocido todo tipo de gente y en una ocasión me encontré con un místico. Era invitado de tu padre y estuve a su servicio. Cuando se iba, como agradecimiento, me dio el mensaje que te escribo, pero no lo leas, mantenlo escondido en el anillo y ábrelo sólo en un momento extremo de tu vida"...

Ese momento no tardó en llegar: el país fue invadido y el rey perdió el reino. Estaba huyendo desesperado para salvar su vida mientras era perseguido por sus numerosos enemigos. Estaba solo y llegó a un lugar donde el camino se acababa, no había salida: enfrente había un gran precipicio y no podía volver atrás porque el enemigo le cerraba el camino. Ya podía escuchar el trotar de los caballos. No podía seguir hacia delante y no había ningún otro camino... De repente, se acordó del anillo, lo abrió, sacó el papel y leyó el mensaje que decía: "Esto también pasará".

Al instante sintió que se cernía sobre él un gran silencio, los enemigos que le perseguían debían haberse perdido en el bosque o se habían equivocado de camino, pero lo cierto es que poco a poco dejó de escuchar a los caballos. El rey se sentía profundamente agradecido al sirviente y al místico desconocido. Aquellas palabras habían resultado milagrosas. Dobló el papel, volvió a ponerlo en el anillo, reunió a sus ejércitos y reconquistó el reino.

El día que entraba de nuevo victorioso en la capital hubo una gran celebración con música, bailes... y él se sentía muy orgulloso de sí mismo. El anciano estaba a su lado en el carro y le dijo: "este momento también es adecuado: vuelve a mirar el mensaje". "¿Qué quieres decir?" preguntó el rey, "ahora estoy victorioso, la gente celebra mi vuelta, no estoy desesperado, no me encuentro en una situación sin salida".

"Escucha", dijo el anciano, "este mensaje no sólo es para situaciones desesperadas, también lo es para situaciones placenteras. No sólo es para la derrota, sino también para la victoria. No sólo es para cuando estés último, sino también para cuando estés primero"...

El rey abrió el anillo y leyó el mensaje: "Esto también pasará" y nuevamente sintió la paz y el silencio de la vez anterior, mientras el orgullo y el ego iban desapareciendo... Fue en ese momento en que terminó de comprender el mensaje. Entonces el anciano le dijo: "Recuerda que todo pasa y que ninguna cosa es para siempre"...

Muchas veces el dolor intenso o la felicidad extrema nos hacen olvidar de una máxima universal que es implacable e inapelable: las cosas no son para siempre e, inevitablemente y a pesar de nosotros, todo pasará...

¿TE VAS A DETENER JUSTO AHORA?

SI ESTÁS CANSADO, sientes que las fuerzas te abandonan, crees que no avanzas, los logros no llegan y la vida te ha abandonado, te pido que no decaigas... respira profundo si crees que es necesario, pero no te dejes vencer... La vida es un constante desafío que hay que enfrentar con valentía y decisión, sabiendo que uno y sólo uno es el propio arquitecto de su destino y que, si por alguna causa hoy estamos enfrentados al abismo de la desesperación, el desaliento y la desesperanza, siempre existe la posibilidad de cambiar el rumbo si encuentras dentro de ti la partícula divina de la voluntad.

Todos los males se pueden ir, alejar, desaparecer, si reordenas tus pensamientos y te reencuentras con tus propios sueños. Ese es el paso principal para cambiar de rumbo luego, para llegar a tu meta, debes comprometerte contigo mismo a poner en ello toda tu voluntad y esfuerzo. Si te concentras en tu objetivo, si dejas de lado tu desaliento, si crees en ti mismo, una poderosa fuerza cargada de energía renovadora operará el milagro de llevarte a donde quieres... No te puedo prometer que en el camino no encontrarás dificultades, sobre todo al principio que debes de aprender a confiar nuevamente en ti mismo, lo que si te puedo asegurar es que si recuperas o adquieres confianza y voluntad inquebrantable, estas se convertirán inmediatamente en dos poderosas manos que te empujarán al camino del éxito... Y esta fórmula no te la doy como simple retórica sino que, en lo personal, creo ser un producto de ello... en mí vida tengo como lema el titulo de una vieja película: retroceder nunca, rendirme jamás...

Cuenta una historia que un hombre necesitaba encontrar agua para su campo y uso familiar así que, con un pico y una pala, comenzó a cavar un pozo esperando encontrarla. Pasó días cavando y cavando sin encontrar una sola gota de agua cuando un desconocido que pasaba por su propiedad le dijo: "¿Busca agua? ¿Por qué no prueba cerca del árbol? Probablemente la encontrará más fácilmente". El hombre le hizo caso y comenzó a cavar otro pozo donde le había indicado el desconocido. Al cabo de una semana de duro trabajo, tampoco había encontrado agua... Mientras estaba en la tarea, un grupo de personas se detuvo cerca de su casa y cuando le vieron sudoroso, le preguntaron qué estaba haciendo y el hombre dijo: "Estoy cavando un pozo para sacar agua". "Pues no es el lugar adecuado", dijo el jefe del grupo. "Tendrías que ir cerca de la roca"...

Al irse el grupo el hombre se dirigió a la roca y comenzó a cavar. Al cabo de varios días no había encontrado ni una gota. De pronto vio a un amigo que lo visitaba y venía acompañado por un anciano. "Me enteré que buscas agua y pensé que te interesaría conocer a este gran especialista que me acompaña", le dijo. El hombre les mostró los tres pozos que había cavado... El anciano sonrió y le dijo: "Si realmente quieres encontrar agua, vas por el camino equivocado"... Ante la idea de tener que cavar un cuarto pozo, el hombre se enfadó, interrumpió al anciano y echo a ambos de su propiedad.

En el camino de regreso, el especialista le comentaba a su apenado amigo: "no te preocupes, no es la primera vez que me encuentro con un caso así. Por el tipo de terreno en que está emplazado su campo debe haber agua entre quince y veinte metros. Tu amigo ha cavado tres pozos de diez o doce metros. Solo que hubiese perseverado un poquito más en cualquiera de ellos, en este momento tendría agua".

La historia nos enseña que no alcanza con tener metas claras si falta perseverancia. Podemos tener ideas brillantes y actuar en la dirección correcta, pero si somos impacientes y no perseveramos, fracasaremos el 99% de veces. Tampoco vale de nada enfurecerse o desilusionarse cuando no salen las cosas y, en lugar de intentarlo de nuevo, proyectar su fracaso sobre los demás. Sea lo que sea lo que hayas emprendido, persevera hasta el final, no te dejes desalentar por los consejos o las dudas de los demás. Y si te equivocas, aprende de tus errores y sigue en pos de tus sueños... La vida es un continuo desafío y sólo aquel que le hace frente es el que triunfa, ya que nada es imposible mientras exista tan solo una oportunidad...

ÍNDICE

Prólogo	9
Agradecimientos	11
No caminamos tras las huellas	13
¿Para dónde das el paso?	15
Una estrella con luz propia	17
No esperes un milagro cada día	19
Para vivir he nacido	21
Soy MUY importante	23
Afronta el reto de ir más allá	25
Ama a tu prójimo como a ti mismo	27
Con los dedos de la mano	29
No caigas en la trampa	31
¿Cuál es mi satisfacción?	33
El secreto del éxito	35
El peor de los sentimientos	37
El alto e inalcanzable pedestal de la ignorancia	39
Un arma letal y silenciosa	41
¿Individuo o individual?	43
¿Quieres ser cigarra o prefieres ser hormiga?	45
El Bien y el Mal	47
El espejo	49
Lecciones que no se olvidan	51
Pasar uno por la vida	53
Macrocosmos y microcosmos	55
Más vale poco que nada	57
Cambiando la Ley de Mendel	59
Un mal que nos persigue desde Caín y Abel	61
No es una utopía	63
Busca dentro de ti	65
No te la creas	67
Hay que diferenciar lo esencial de lo trivial	69

No le pidas peras al olmo	71
Elevemos nuestro espíritu	73
Cuando termina el esfuerzo comienza el fracaso	75
El eco de la vida	77
El prejuicio es hijo de la ignorancia	79
El verdadero arte de decir las cosas	81
La esperanza de un sueño	83
El poder del rumor	85
El lado oscuro del alma	87
Los tiempos están cambiando	89
El amor y la libertad	91
Melancolía	93
Levántate y anda	95
No es posible complacer a todo el mundo	97
No sigas abriendo puertas	99
El mundo se ha encogido tanto... como el espíritu	101
Al deseo agrégale acción	103
No pongas excusas	105
¿Por qué debo de hacerlo yo?	107
¡Piénsalo dos veces!	109
Palabras, palabras, palabras...	111
La fe, el último bastión	113
Reflexionemos	115
Como la vida misma	117
Ojalá todo el año fuera diciembre	119
Si no nos vemos... nos ponemos lentes	121
Sabor a nada	123
Animal de costumbre	125
El poder de la palabra	127
Si puedo, pero	129
¡Sonría!	131
No es más rico el que más tiene sino el que menos necesita	133
Cuando el destino nos alcance	135
La libertad de elegir	139
La felicidad es un trayecto... no un destino	141
La decadencia de los valores humanos	143
Todo tiene su momento en la vida	145
Un Mundo Feliz	147

Una hoja en la tormenta	149
Aprender a pensar creativamente	151
Este loco, loco, mundo	153
Cambiar de estrategia	155
De ti depende	157
Entrada por aquí	159
Disfruta cada segundo de tu vida	161
Fuego en el corazón	163
La dedicación y el empeño son las claves del éxito	165
No te limites	167
¡Anímate a cambiar al mundo!	169
Esto también pasará	171
¿Te vas a detener justo ahora?	175

www.ingramcontent.com/pod-product-compliance
Lightning Source LLC
LaVergne TN
LVHW051121080426
835510LV00018B/2162